AF470095

NOTICE

A.-J. CABOCHE

D'ORLÉANS

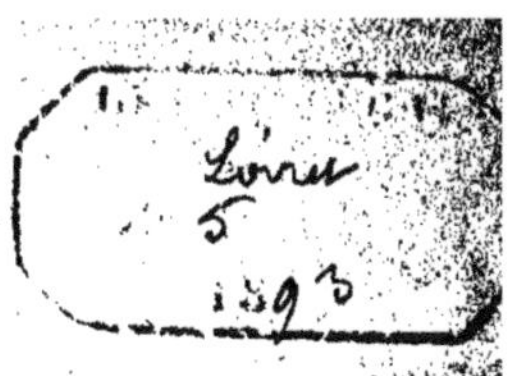

ORLÉANS

H. HERLUISON, LIBRAIRE-ÉDITEUR

17, RUE JEANNE-D'ARC, 17

—

1893

A.-J. CABOCHE

IMP. GEORGES JACOB, — ORLÉANS.

NOTICE

SUR

A.-J. CABOCHE

D'ORLÉANS

ORLÉANS
H. HERLUISON, LIBRAIRE-ÉDITEUR
17, RUE JEANNE-D'ARC, 17

1893

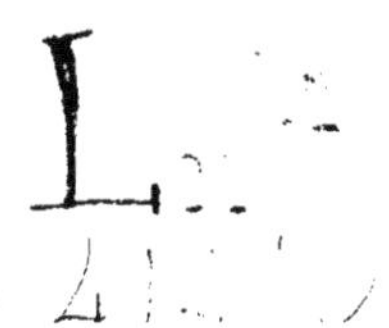

Alexandre Joseph CABOCHE

A Monsieur Albert LAFONTAINE,

Président de la Société des Sauveteurs du Loiret.

Monsieur,

Dans un rapport qu'il fit au Conseil municipal le 18 novembre 1846, M. Lafontaine, votre père, signalait au Gouvernement les personnes qui s'étaient particulièrement distinguées pendant l'inondation.

Dans ces noms figurait celui d'Alexandre Caboche, mon père.

Un regard vers le passé m'engage à rassembler les souvenirs contemporains. A cette occasion, je suis heureux de pouvoir en même temps m'acquitter d'une dette de reconnaissance en vous dédiant ces pages.

Votre bienveillant patronage me permet de rendre ainsi un double hommage à la mémoire de nos vénérés pères, deux hommes dont le mutuel dévoûment a été acclamé par leurs concitoyens.

CABOCHE-DEROY.

Orléans, le 1ᵉʳ novembre 1892.

Monsieur,

Mon père avait une estime particulière pour le vôtre et éprouvait pour lui la plus vive sympathie.

Bien des fois, nous avions parlé ensemble des belles actions accomplies par ce grand sauveteur, dont la simplicité et la modestie rehaussaient encore les brillantes qualités.

J'ai donc lu avec le plus grand intérêt la biographie si vraie que votre main filiale a tracée. Tous ceux qui la liront comprendront le pieux sentiment auquel vous avez obéi ; vous avez voulu rappeler le souvenir d'un tel père à ceux qui l'ont connu, en reproduisant fidèlement les détails des deux inondations auxquelles son nom restera attaché dans notre histoire orléanaise.

Comme vous le dites en excellents termes, il serait à souhaiter que, dans toutes les familles, il en fût ainsi, et qu'un livre d'or conservant la mémoire des vertus des ancêtres établî une solidarité d'honneur se perpétuant à chaque génération.

Monsieur votre père a prouvé que, sans sortir de la condition dans laquelle l'a placé sa naissance, un citoyen peut

conquérir l'estime et la considération générales par le travail,
l'accomplissement du devoir et la pratique de la vraie fraternité.
Puisse-t-il avoir de nombreux imitateurs ! On ne peut trouver
de meilleur modèle à suivre, et, à ce point de vue, vous avez
fait une bonne action. Je vous en félicite, Monsieur, et je vous
exprime toute ma reconnaissance pour ce que vous avez dit de
mon père, et pour la pensée que vous avez eue d'inscrire mon
nom, bien indigne, à la première page de votre œuvre.

A. LAFONTAINE.

5 novembre 1892.

A.-J. CABOCHE

1798-1864

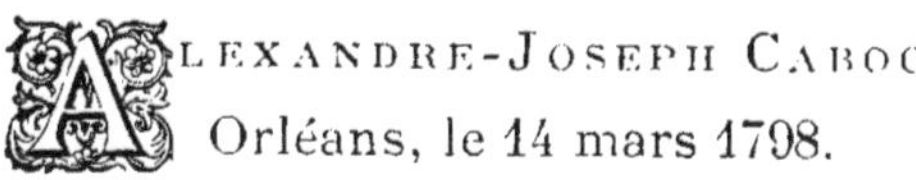

Alexandre-Joseph Caboche naquit à Orléans, le 14 mars 1798.

Dès sa plus tendre enfance, il perdit son père, Jean-Baptiste Caboche, usé prématurément par les rudes travaux auxquels il s'était livré.

Cette grande perte lui enleva un guide sûr, au caractère fortement trempé, n'ayant jamais transgressé son devoir ; un trait suffira à donner la note de ce caractère : C'était en 1793, ses camarades de travail, quoique ne partageant pas les idées de l'époque en ce qu'elles avaient d'exagéré, fréquentaient parfois les réunions publiques. Déjà ils avaient essayé de l'y entraîner, mais n'avaient pas réussi. Un jour, cependant, cédant à des sollicitations plus pressantes de leur part, il se rendit avec eux à la commune où se tenaient fréquemment des clubs, plutôt pour leur être agréable que pour satisfaire sa curiosité.

Pas plus les uns que les autres ne connaissaient l'objet de la réunion.

Il entre ; le tumulte est à son comble. Rapidement il se rend compte de la composition de la salle, où règne le plus grand désordre. Il voit là des hommes farouches, aux traits dépravés ; quelques-uns sont assis autour d'une table couverte de cahiers, sur lesquels, après les avoir consultés, chacun appose sa signature.

Il voit des femmes en assez grand nombre, vociférant plus fort que les hommes. Il entend, partant de tous les points de la salle, des paroles ordurières remplies de haine et de menaces.

Honteux de se trouver en pareil lieu, il se reproche d'y être venu !

Il ne faut rien moins que l'interpellation directe dont il est l'objet de la part de l'un de ces hommes pour le sortir de l'état de stupeur dans lequel il est plongé, et le rappeler à la gravité de la situation.

Ses camarades, qui le connaissent, l'observent et redoutent un malheur.

On lui présente une plume et un cahier déjà couvert de signatures, — il ne sait ni lire ni écrire, — il demande avec fermeté ce qu'on attend de lui. L'homme qui l'a interpellé lui dit d'une voix rude et brève n'admettant pas de réplique : qu'il faut que, comme les autres, il signe la pétition que les patriotes veulent envoyer à la Convention nationale, pour demander la mort de Louis XVI.

Avec la rudesse d'expression si commune parmi les hommes du peuple à cette époque, il répond d'une voix forte et énergique : « Je ne signerai jamais la mort d'un homme qui vaut mieux que vous, tas de..... » Puis il se retire en proie à la plus vive indignation.

Ses camarades, effrayés de l'effet produit par cette réponse sur les membres du bureau, qui, après s'être consultés un instant, donnent l'ordre qu'on s'empare de lui, sortent précipitamment pour protéger sa fuite.

Avec leur aide, il réussit à échapper à ces forcenés, trouve un asile sûr, où il reste caché pendant quelque temps; après quoi, l'événement fatal qu'il n'avait pas eu le pouvoir d'empêcher, mais dont il n'avait pas voulu du moins être complice, fit oublier cet incident et lui permit de reprendre son travail.

Si je me suis un peu écarté de mon sujet en citant ce fait à l'actif du père de Caboche, — fait notoirement connu dans sa famille, — c'est pour faire ressortir une preuve de l'influence de l'hérédité. La vie de travail et de dévoûment du fils n'a été que la continuation, le développement de celle du père.

Avant de présenter cette vie entière d'Alexandre CABOCHE, qu'il a passée dans notre ville, et dont tous ses concitoyens ont été les témoins, un mot encore. Sa mère, Marie-Anne Lair, restée veuve, sans ressources, chargée d'une nombreuse famille, perdit la vue peu de temps après la mort de son mari. Ce nouveau malheur, qui vint la frapper, la mit dans l'impossibilité de veiller sur son enfant et de pourvoir à ses besoins; il se trouva donc dans la malheureuse position d'être séparé d'elle, dès l'âge de sept ans.

A cette époque, il existait sur la Loire des moulins à farine construits sur bateaux; c'est dans ces moulins qu'avait travaillé son père, c'est là qu'il travailla pendant la plus grande partie de sa jeunesse, sur ce fleuve, dont il apprit ainsi à connaître les caprices et la violence, sans prévoir, à ce moment, combien il aurait plus tard à lutter contre ses débordements!

Pendant tout le temps que vécut sa mère, il eut pour elle les soins les plus assidus, les attentions les plus délicates; la consolant, et lui apportant, pour l'aider à vivre, tout ce qu'il pouvait lui donner du fruit de son travail.

En 1819, vint l'âge de la conscription; le sort
ne lui fut pas favorable, il sortit le n° 13.

Il en prit bravement son parti, devança
l'appel, et s'engagea volontairement au 6ᵉ régiment d'infanterie de la garde royale.

Avec la droiture de son caractère, il ne tarda
pas à s'attirer l'amitié de ses camarades, et à
mériter l'estime de ses supérieurs (I).

Si la bienveillance dont il fut l'objet ne lui
enleva pas le chagrin d'être séparé de sa mère, —
brave et digne femme, — dont le bonheur, quand
il était près d'elle, était d'entretenir dans son
cœur un bon souvenir du père qu'il avait perdu,
au moins lui fit-elle trouver cette séparation
moins dure, et contribua-t-elle à lui faire prendre
goût au métier de soldat.

La vie de garnison régulière et monotone, ne
convenait guère à ce caractère, ce fut avec la
plus grande joie qu'il accueillit l'occasion qui se
présenta d'en sortir. En 1823, une expédition fut
décidée; son régiment fut désigné pour faire la
campagne d'Espagne; il partit en qualité de
clairon.

A dater de ce moment, les occasions qu'il eut d'attirer l'attention de ses chefs ne lui manquèrent pas.

L'armée française est devant Cadix ; le capitaine Chassenet, aide-de-camp du général Bordesoulle, est envoyé comme parlementaire à l'armée ennemie ; il se présente à lui comme volontaire pour le suivre.

Une deuxième fois, le capitaine Nosron, autre aide-de-camp du même général, est chargé d'une semblable mission ; sur sa demande, il l'accompagne comme clairon et comme conducteur de la barque qui doit leur servir pour traverser un cours d'eau qu'il fallait franchir.

Le trajet à l'aller se fit sans incident ; mais, au retour, il ne devait pas en être de même : les Français virent bien une barque se diriger vers eux, mais un brouillard intense leur empêcha d'apercevoir les signaux qu'elle faisait et d'en distinguer la nationalité. Croyant à une surprise de la part des Espagnols, ils firent feu à plusieurs reprises... — la position était critique ! — Caboche voit le danger, sonne du clairon et parvient ainsi à faire reconnaître l'embarcation à l'armée française qui cesse le feu aussitôt.

La présence d'esprit dont il fit preuve en
cette circonstance lui valut les félicitations de
ses chefs (11).

Souvent, dans cette campagne, il eut encore
l'occasion de se faire remarquer. La force
physique dont il était doué, étant chez lui
en rapport intime avec sa force d'âme, l'aidait
puissamment à réussir dans ce qu'il entreprenait.

Le 31 août 1823, le fort du Trocadéro était
envahi; l'un des premiers il pénètre dans l'enceinte, et voit le sergent Duchenaux entouré
d'une dizaine d'Espagnols, et leur disputant sa
vie avec énergie.

Il se précipite à son secours, et, après des
efforts inouis, parvient à le dégager. Alors, une
mêlée effroyable s'engage, dans laquelle, après
un combat opiniâtre, plusieurs des assaillants
sont tués ou blessés, les autres prennent la
fuite. Après cette lutte acharnée, où il venait de
se conduire avec tant d'intrépidité et de bra

voure, il rejoignit son drapeau avec son sergent, à qui il venait de sauver la vie (III).

Quelques jours plus tard, tous deux étaient cités à l'ordre du jour; le sergent seul était décoré de la Légion-d'Honneur!

Duchenaux ne pouvait se consoler de l'oubli dont son sauveur — c'est ainsi qu'il l'appelait — avait été victime en cette circonstance. Quand il racontait ce fait, il ne manquait jamais de dire :

« C'est à ce brave Caboche que je dois la vie et la croix d'honneur qui m'a été décernée; sans lui je n'existerais certainement plus, je m'en souviendrai toujours (II et IV). »

Son congé terminé, Caboche ne rengagea pas; étant illettré, il ne pouvait espérer d'avancement. Peut-être, sans avoir jamais confié à personne sa pensée à ce sujet, était-il blessé de n'avoir pas reçu la récompense à laquelle il croyait avoir droit! Peut-être encore, le désir de revoir sa ville natale, d'y vivre au milieu des affections qu'il y avait laissées, fut-il pour beaucoup dans la décision qu'il prit.

A son retour, il s'aperçut que, pendant les huit années qu'il avait passées au service, de grands changements s'étaient opérés dans la meunerie. Quelques-uns des vieux moulins en bois qui étaient sur la Loire à son départ, avaient disparu; les autres devaient disparaître bientôt, leur outillage grossier ne répondant plus aux exigences nouvelles. Des moulins en pierre avaient été construits.

Pour continuer la meunerie, il lui aurait fallu quitter sa ville qu'il aimait tant; il ne put s'y décider, il changea de métier et se fit portefaix. Cette profession n'était pas alors ce qu'elle est de nos jours ; les machines ayant depuis remplacé les hommes, il n'y a plus de portefaix.

A cette époque, ils étaient en grand nombre et ne croyaient pas déchoir en continuant le métier qu'avaient exercé leurs pères; ils formaient une corporation dans laquelle n'étaient admis, que ceux d'entre eux présentant toutes les garanties d'honorabilité.

Quand il se fut assuré que ce que lui rap-

portait son travail était suffisant pour se mettre
en ménage, il se maria avec une jeune fille de
famille honorable de cultivateurs de la Sologne,
— Catherine-Flore Renard, — bonne et simple
de goûts, qui le seconda avec le plus grand dévoûment.

Lui, travailleur acharné; elle, ménagère or-
donnée, élevèrent les nombreux enfants qui
naquirent de cette union, et leur firent donner,
autant que le leur permit leur modeste position,
l'instruction dont ils avaient été privés eux-
mêmes dans leur jeunesse.

Quoique très occupé par un travail pénible, il
ne se ménageait pas pour cela en dehors de ce
travail, si quelque événement imprévu venait l'en
détourner. S'agissait-il d'un incendie, de bateaux coulés au fond de la Loire ou menaçant
d'y sombrer, de personnes en danger : dès que la
nouvelle lui en parvenait, il se rendait en hâte
sur le lieu de l'accident, et là, se livrant tout en-
tier, employait ce qu'il avait de forces pour
éviter un désastre, ou au moins, pour en atténuer les conséquences.

On le connaissait adroit, dévoué en toutes circonstances; on venait avec assurance lui demander son concours, certain qu'on était à l'avance qu'il ne le refuserait pas.

Elle serait longue la liste des nombreux sauvetages qu'il a opérés. En voici un entre autres duquel il n'avait jamais parlé; c'est M. Fabre, l'un de nos concitoyens, officier de l'administration des subsistances militaires, qui l'a révélé spontanément.

« C'était en 1831 : un cheval rétif emportait dans la Loire M. Fabre et son épouse; déjà même — c'est M. Fabre qui parle — le cabriolet avait une roue hors de la berge, lorsque Caboche s'élance, et, avec une intrépidité et une force auxquelles M. Fabre proclame qu'il a dû la vie, saisissant le cheval à la bride, il détourna et attira puissamment à lui le cheval et la voiture (V). »

Les fatigues qu'il éprouva en diverses circonstances semblables domptèrent momentanément cette forte nature; une fluxion de poitrine se déclara et le retint au lit pendant trois mois.

Le docteur Vallet vint le voir, le soigna et réussit à triompher de la maladie.

Les visites avaient été nombreuses, et la grande préoccupation du malade, était de savoir s'il pourrait jamais arriver à les payer; il en entretenait souvent le docteur.

Cet excellent homme, dont le visage frais et souriant reflétait si bien la bonté de cœur, lui répondait toujours : « Guérissez d'abord, le reste se fera en son temps... »

Ce moment arriva enfin !

Caboche n'a rien de plus pressé à faire que de se rendre chez lui, pour le remercier des bons soins qu'il lui a donnés, et lui offrir en compte sur ce qu'il suppose lui devoir. la faible somme dont il peut disposer.

Le docteur lui prend les mains qu'il presse avec effusion, et lui dit, d'une voix émue :

« Vous avez contracté cette maladie à rendre des services que vous auriez pu refuser de rendre, en présence des dangers qu'il y avait à le faire ; j'éprouve une grande satisfaction d'avoir remis en état d'en rendre d'autres, un si brave homme; vous ne me devez rien, de plus riches paieront pour vous. »

Je suis heureux de faire connaître la délicatesse et le désintéressement dont cet homme de bien a fait preuve en cette circonstance. Caboche, qui a raconté ce fait, a toujours conservé envers lui la plus vive reconnaissance, et a eu soin d'entretenir ce sentiment dans le cœur de ses enfants qui ne l'ont pas oublié !

Depuis l'époque de sa jeunesse, jusqu'en 1846, l'estime qu'il inspirait à ses concitoyens n'avait fait que grandir, au fur et à mesure que l'abnégation et le dévoûment, dont il avait donné tant de preuves, l'avaient fait mieux connaître.

Mais les hommes, à qui leur position au-dessus des autres citoyens imposait le devoir d'encourager les belles actions, ne crurent pas, sans doute, qu'il avait assez fait, pour consacrer son mérite par une récompense ! Ils ne virent pas dans combien d'occasions, déjà, le cœur, chez lui, s'était manifesté par des actes admirables ! Ils n'apprécièrent pas combien de fois cette fermeté, qu'il possédait au plus haut degré, lui avait fait surmonter d'obstacles !

Il accepta avec résignation cet oubli dont il était l'objet, c'est dans l'habitude du travail qu'il en trouva la force ; de là lui vinrent aussi ses meilleures consolations.

Sa conscience, lui conseillant toujours de se porter du côté du sacrifice, lui fit entendre que si on lui demandait plus encore, c'est qu'on savait qu'il pouvait donner davantage.

Un fléau qui vint fondre sur nous et nous épouvanter comme il avait autrefois épouvanté nos pères, une inondation dont notre génération n'avait pas encore eu d'exemple, ne devait pas tarder à lui fournir l'occasion de le faire.

Dès qu'il eut connaissance de la crue extraordinaire de la Loire, il pressentit de grands malheurs, et se tint prêt à faire son devoir.

Mais quand il apprit la rupture des levées et l'envahissement du Val par cette masse d'eau, il comprit que, dans des circonstances aussi graves, ne faire que son devoir serait ne pas le faire, et il prit la ferme résolution de faire plus. C'est dans cette disposition d'esprit et de cœur qu'il se trouvait, quand il lui fallut affronter ce péril nouveau, et qu'il dut porter secours aux malheureux inondés.

Alors, sans hésitation ni défaillance, il se lança à corps perdu, et des premiers, sur ce fleuve qu'il connaissait déjà, pour lui arracher ceux qu'il menaçait d'entraîner avec lui.

Je crois utile, pour l'intelligence des faits qui vont suivre, de donner quelques détails indispensables sur la physionomie de cette terrible scène de l'inondation des 21, 22, 23 octobre 1846.

Je ne puis mieux faire pour décrire ce fléau, dont ne peuvent se faire une idée exacte, ceux qui n'en ont pas vu toute l'horreur, que de reproduire, avec mes souvenirs personnels, quelques lignes puisées çà et là dans les journaux de l'époque.

INONDATION DE LA LOIRE

21, 22, 23 Octobre 1846

Le mardi matin, 20 octobre, l'eau s'élevait,
à l'étiage du pont, à $3^m 50$; à midi, à 4 mètres ; à
six heures, à $5^m 70$; à huit heures et demie,
à $6^m 30$, et le mercredi matin, à deux heures,
à $6^m 70$.

Le mardi soir, l'eau, avec une rapidité effrayante, un bruit épouvantable, court dans tout
l'espace compris entre la levée des Augustins et
le quai de la Poterne, couvrant le quai à une
hauteur considérable. Elle commence à se répandre aux deux extrémités du faubourg Saint-
Marceau. Deux longs ruisseaux se forment : l'un,
se dirigeant vers la caserne Saint-Charles et
allant se répandre dans les maisons qui l'avoi-
sinent ; l'autre, se dégorgeant dans la place de la

Bascule, déjà inondée par les eaux que vomissait l'aqueduc creusé sur cette place.

Toute la population de la ville est sur pied, pleine d'angoisse, rongée d'inquiétude, redoutant d'épouvantables sinistres.

Chacun, avec une anxiété extrême, voit monter l'eau de plus en plus.

Le mercredi, vers deux heures du matin, une baisse subite se fit sentir ; en moins d'une heure, la Loire avait diminué de 50 centimètres... Les levées venaient de crever entre Saint-Denis et Sandillon ; la brèche avait une longueur de 300 mètres...

Alors, la Loire, comme un torrent, se précipite par cette large ouverture, entraînant avec elle fermes, murs, bestiaux, récoltes et mobiliers.

Bientôt, ce n'est plus un fleuve, mais une mer.

De quelque hauteur qu'on observe l'horizon, on ne voit partout que de l'eau, dont le niveau atteint une hauteur de plus de 5 mètres dans la campagne.

Des maisons sont submergées jusqu'à la toiture ; d'autres ont tout à fait disparu !

A la caserne Saint-Charles, l'eau arrivant tout
à coup avec un bruit horrible, chassant devant
elle tout ce qui se trouve sur son passage, ren-
verse la guérite d'un factionnaire, qui, lui-même,
disparaît noyé sous les décombres des maisons
voisines.

Dans tout le Val ont lieu les scènes les plus
déchirantes.

Surpris par ce débordement, les malheureux
habitants ne peuvent sortir de leurs demeures ;
leurs cris déchirants, leurs signaux de détresse,
se joignent au tumulte, au fracas des eaux toujours envahissantes.

Jamais on ne vit pareille douleur, jamais con-
trée n'eut à subir semblable infortune ! Le tocsin
sonne dans toutes les communes et, en cette
nuit terrible, le sauve-qui-peut est général. Çà
et là, sur le pont, sur les quais et dans la ville,
ce sont des bestiaux, que de pauvres paysans ont
arrachés à la Loire et conduisent devant eux ; ce
sont des familles tout entières, presque nues,
désolées, n'ayant plus aucune ressource, et qui
se sont sauvées à grand'peine de l'envahissement

des eaux ; des enfants en bas âge, des vieillards infirmes, qui se trouvent sans abri.

Le mercredi matin, dès que le jour parut, un désolant spectacle s'offrit aux yeux ! Le val, dans toute sa longueur, était inondé. Une nappe d'eau immense, jaunâtre, agitée par le vent sud-ouest, s'étendait de la levée jusqu'au coteau de la Sologne. On n'apercevait partout que les sommités des arbres, les toits des maisons. La violence des courants, jointe à l'incertitude de la route qu'il fallait suivre, aux obstacles qui se présen taient à chaque pas, était telle, qu'un sauve- tage semblait presque impossible. Le danger était aussi grand pour ceux qui devaient porter des secours, que pour ceux qui avaient besoin d'être secourus. Le temps était affreux, le soleil qui ne parut que quelques instants, jetait une lueur livide et rougeâtre ; le vent sud-ouest continuait à souffler avec la plus extrême vio- lence, et une pluie battante, qui ne devait cesser que dans la soirée, commença bientôt.

Alors on comprit toute l'étendue du mal ; on commença à organiser les moyens de venir en aide aux pauvres inondés. Les barques qui se trouvaient dans le port, furent transportées dans le val ; et les hommes courageux qui les montèrent, assistèrent à des scènes qu'il est aussi difficile que pénible de décrire. Ils virent ce torrent furieux, renversant et brisant tout ce qui se trouvait sur son passage, plus effrayant encore qu'ils ne se l'étaient représenté, avant de se trouver à sa merci. Ils virent tous ces malheureux : vieillards infirmes, hommes, femmes, enfants en bas âge, envahis par les eaux dans leurs demeures, chassés par les flots ; obligés de fuir d'étage en étage pour se mettre à l'abri de leur fureur, forcés de monter dans les arbres, sur les toits de leurs maisons, où, accroupis, ils se soutenaient les uns les autres, craignant en voyant l'eau monter toujours, que la masure sur laquelle ils étaient juchés s'écroulât et les entraînât avec elle dans le torrent. Ces malheureux poussant des cris de détresse et de désespoir, implorant des secours sans espérer qu'il leur en pût venir, attendaient la mort à chaque instant, ne pouvant croire qu'il pût se trouver des hommes assez courageux pour affronter de pareils dangers, et assez désintéressés pour essayer de leur sauver la vie, en présence de si grands risques de perdre la leur.

A ces grandes infortunes, les grands dévoùments n'ont pas manqué cependant! Les hommes de cœur qui ont affronté la mort pour les secourir se sont trouvés en grand nombre, et ont noblement répondu à leur appel. Si le cadre restreint que je me suis tracé, ne me permet pas de citer les actes accomplis par chacun d'eux, qu'il me soit permis de leur exprimer le sentiment d'admiration que j'ai éprouvé pour leur belle conduite, sentiment que le temps écoulé depuis cette époque lointaine n'a pas affaibli, et qui était **partagé** alors par toute la population.

Ce juste tribut d'hommages payé à tous, je reviens à mon sujet.

Caboche fut un des premiers qui se lança sur cette immensité d'eau, remplie d'écueils de toutes sortes. Dès le matin du premier jour, aidé de deux braves mariniers, Mathurin Prauteau, de Saint-Sébastien, près de Nantes, et Julien

Lecomte, de Nantes, qui ne l'ont pas quitté pendant les trois jours qu'a duré ce désastre, il a accompli des prodiges d'intrépidité et de bravoure. A son premier voyage, il eut à traverser les courants de Barbotte et ceux de l'Orme-Grenier ; courants d'une rapidité effrayante, qui, contrariés qu'ils étaient dans leur parcours par les maisons, les murs, les arbres contre lesquels ils venaient se heurter avec fracas, provoquaient, à chacun de ces chocs, des bondissements énormes de masses d'eau.

Ce fut au milieu de ces obstacles qu'il parvint jusqu'à la Petite-Motte, maison de campagne appartenant à M. Clément, négociant à Orléans. Sa sœur, une artiste peintre de leurs amies, son vigneron, sa femme et ses enfants, étaient dans l'eau depuis trois heures du matin, submergés jusqu'à la ceinture, remplis de crainte et d'épouvante en voyant le flot grossir toujours.

Il défonce le toit, les retire les uns après les autres par cette ouverture, et, à l'aide de cordages, les descend dans sa barque à moitié morts de frayeur (VI).

Le temps était affreux ; la pluie, qui tombait à torrent, assombrissait l'horizon et augmentait encore l'horreur du désastre.

A ce moment parviennent jusqu'à lui des cris désespérés ; il se dirige vers l'endroit où ils ont été poussés et voit une famille, composée d'une dizaine de personnes, montée sur une masure qui semble ne se tenir debout que par un prodige d'équilibre, tant est grand son état de vétusté.

Après avoir surmonté des difficultés inouïes, il parvient à recueillir dans son embarcation ces pauvres gens, dont l'état est affreux, et s'éloigne avec eux. A peine étaient-ils à une distance de vingt mètres, que la masure qu'ils venaient de quitter s'écroulait avec fracas, entraînée par les eaux. Elle avait résisté au courant tant que ces malheureux, en restant dessus, avaient par leur poids augmenté sa force de résistance, et, heureusement, assez de temps pour qu'on pût les sauver ! Un retard de quelques minutes aurait suffi pour qu'ils fussent entraînés avec elle !

Après avoir ramené à Orléans cette première

barque d'inondés, il se dirigea vers la route
d'Olivet.

Les membres de la famille Courtin frères,
vinaigriers, chassés par l'envahissement des
eaux, qui atteignaient une hauteur prodigieuse,
avaient été obligés de se réfugier dans le grenier.
Il les en a retirés par les gouttières, situées
à plus de dix mètres au-dessus du niveau de
l'eau. Il a opéré ce tour de force en passant
derrière une cheminée et en se laissant glisser
dans le grenier par une lucarne ; à l'aide de cordages, il a pu ensuite les descendre dans sa
barque (VII).

Le même jour, il sauvait, au milieu de difficultés plus grandes encore, en se hissant à l'aide
de cordes à une hauteur de plus de dix mètres,
toute la famille de Chatelain, menuisier, rue de
la Cigogne. L'eau, après avoir renversé tous les
murs du côté gauche de la route d'Olivet, s'en-
gouffrant dans cette petite rue étroite, en avait
fait un endroit très dangereux à approcher. Le
courant avait déjà miné le pied de la maison où
Chatelain, sa femme et ses deux enfants, étaient

réfugiés au deuxième étage. Se croyant en sûreté, ils persistaient à vouloir y rester, malgré les appels réitérés de Caboche. Ce ne fut qu'après des instances de plus en plus pressantes de sa part, et aussi quand ils virent un commencement d'écroulement se produire, qu'ils se décidèrent enfin à suivre ses conseils.

C'est en se tenant à un cordage attaché à une lucarne du deuxième étage que, se traînant sur les toits ou suspendus au-dessus du torrent, ils purent, avec l'aide de Caboche, arriver dans son embarcation (VII et VIII).

Des cris d'alarme venant de la route d'Olivet l'engagèrent à se diriger de ce côté, avec la famille Chatelain, qui, avant de la perdre de vue, vit sa maison s'écrouler avec fracas.

Trois ménages, composés de quinze personnes, hommes, femmes et enfants, avaient été obligés de se réfugier sur les toits de leurs maisons, chassés d'étage en étage par l'eau, qui montait toujours. En proie à la plus grande frayeur, ces malheureux poussaient des cris désespérés.

Après des efforts surhumains, il réussit, à

l'aide de cordages et de draps de lit, à les retirer
de cette position si périlleuse et à les recueillir
dans sa barque. Avec les dix-neuf malheureux
qu'il venait de sauver, il se dirigeait vers la
rue Dauphine, pour les y déposer, quand se
produisit un incident douloureux et épouvantable (VIII) !

Si, avec ses deux compagnons, il avait,
comme bien d'autres braves, échappé aux dangers de toutes sortes auxquels l'exposait sa
courageuse conduite, il ne devait malheureusement pas en être de même pour tous...

Au plus fort de l'inondation, en ce même
moment où Caboche ramenait ces dix-neuf personnes :

« Bigot était monté dans une barque, avec
MM. Lavallée, contrôleur de l'octroi ; Auguste
Ravard, coiffeur ; Luçon, marinier ; Bernard,
canotier ; tous hommes intrépides et dévoués.
Déjà, cette barque avait sauvé beaucoup de mal-
heureux ; elle venait de faire un voyage aux
Montées, ramenant treize inondés, qu'elle avait
déposés dans une maison, route d'Olivet, 135.

Tout à coup, vers la hauteur de l'église Saint-Marceau, la barque, emportée par un gouffre, chavire. MM. Lavallée, Ravard, Luçon, Bernard et Bigot, sont engloutis dans les flots !

« Plus de mille personnes, amassées sur la rive, poussent un long cri en voyant cet accident ; on s'embarque pour les sauver ; ce n'est qu'au bout d'un quart d'heure qu'on arrive près d'eux, au moment où, fatigués de lutter contre le courant, ils allaient perdre connaissance.

« Quatre, que le docteur Latour a soignés, ont pu être sauvés ; mais il était trop tard pour le malheureux Bigot : il ne savait pas nager. En entreprenant ce sauvetage, il n'avait écouté que son bon cœur et son courage, etc. »

Ce récit de l'accident, qui se trouve dans le *Journal du Loiret* du 24 octobre 1846, vrai au fond, est cependant incomplet. Je vais le compléter en rapportant simplement ce que j'ai vu, ce qu'ont pu voir tous ceux qui étaient présents.

La Loire et le Loiret réunis ne formaient plus qu'une immense nappe d'eau, qui couvrait la rue Dauphine sur la moitié de sa longueur ; toute la partie non inondée, était occupée par une foule compacte, anxieuse, composée de personnes attendant des nouvelles des leurs : parents, amis, sauveteurs et inondés, étant tous exposés aux mêmes dangers, étaient tous pour elle un même sujet d'inquiétude.

Tous les jardins situés sur la droite, en contrebas de la rue Dauphine, n'offraient plus à la vue qu'une vaste étendue d'eau. Les haies, les murs, les maisons, étaient submergés, presque invisibles dans cette eau troublée par le sable et la terre qu'elle entraînait avec elle. Quelques parties de murs plus élevés que les autres, quelques pignons de maisons, quelques branches de grands arbres, émergeaient seuls à sa surface. Le courant, extrêmement rapide, — plus d'un torrent que d'un fleuve, — entraînait avec lui des débris de toutes sortes, des épaves de toutes natures.

Quand cette masse d'eau rencontrait un obstacle qu'elle ne pouvait renverser, furieuse de la résistance, elle reculait, tournoyait sur elle-même et formait un immense gouffre, qui engloutissait alors les épaves qu'elle charriait, pour, un instant plus tard, dans un élan furieux, les rejeter à sa surface. C'est dans un de ces dangereux courants que la barque de Bigot se trouva engagée en revenant de déposer sur la route d'Olivet les malheureux qu'elle avait recueillis. Entraînée avec la plus grande violence, elle traversa la rue Dauphine et alla sombrer sur le côté droit de cette rue, où les cinq hommes qu'elle portait disparurent avec elle !

La pluie n'avait pas cessé de tomber depuis le matin. La foule, avide de nouvelles, était restée là, malgré ce temps affreux. Tout à coup, un frémissement inexprimable la saisit !... Un cri, un long cri de détresse se fait entendre ! C'est cette foule qui a vu sombrer la barque de Bigot, et qui a poussé ce cri ! Elle ne sait quels sont ces hommes qui viennent de disparaître ; mais chacun parmi elle craint qu'il ne se trouve un des siens.

Plusieurs personnes, trop fortement impressionnées à la vue de cette effroyable catastrophe, sont obligées de se retirer.

On ne sait qui était dans cette barque. Au hasard, on prononce des noms parmi ceux les plus connus :

— Il doit y avoir Caboche ?... dit l'un.

— Non, dit un autre, c'est Laurenceau qui doit y être...

Et d'autres noms encore sont lancés par la foule...

Mme Laurenceau, — dont le mari a été décoré de la Légion-d'Honneur pour sa belle conduite pendant cette inondation. — en entendant cette phrase, ne peut résister à l'émotion qui la saisit; elle s'affaisse et perd connaissance. On la transporte chez M. Laberthe, où, en reprenant ses sens, elle apprend avec la joie la plus vive, que son mari n'est pas parmi les naufragés.

Au moment où la barque de Bigot sombrait à la hauteur de l'église Saint-Marceau, avec les cinq hommes, qui s'engloutissaient avec elle, Caboche était à la hauteur de la maison Dauvesse, se dirigeant vers l'endroit abordable de la rue Dauphine, pour y déposer les dix-neuf inondés qu'il ramenait ; ils étaient donc, y compris les trois conducteurs, vingt-deux dans une petite barque.

Il fallait toute la hardiesse et l'adresse dont il était doué, pour avoir consenti à se charger d'autant de personnes, au milieu des obstacles si nombreux qu'il devait rencontrer à chaque instant; mais chacun de ces malheureux, effrayé du danger dont il se sentait menacé, l'avait tant supplié, qu'il n'avait pas eu la force de refuser.

Au moment où il entend ce cri surhumain poussé par la foule, il est à cent mètres environ du lieu de l'accident. Il n'a rien vu, mais ce cri l'a frappé au cœur ; il pressent un malheur !... Les regards de la foule, fixés vers un même point, lui indiquent qu'une barque a dû sombrer, que des hommes sont en danger !... Il les aperçoit enfin, se débattant dans les flots... Il faut les sauver, fut sa première pensée... Mais en même temps, il voit sa barque pleine, laissant dépasser à peine dix centimètres de bord au-dessus de l'eau. Il est éloigné de l'accident ;... il peut arriver trop tard... La difficulté est grande pour y parvenir ;... le péril est immense ;... il peut à son tour rencontrer des obstacles... et sombrer dans un gouffre, avec les vingt-deux personnes que contient son embarcation !

Toutes ces réflexions lui arrivent à la fois ; en face du péril, sa décision est prompte. Il crie aux naufragés :

— Courage ! mes amis, nous sommes à vous !...

Puis, s'adressant à ceux qu'il vient de sauver, il leur dit que le moindre mouvement de leur part peut les engloutir tous et leur recommande de conserver la plus grande immobilité, en présence de ce danger nouveau. Ces malheureux, encore abattus par le souvenir de celui auquel ils viennent d'échapper, mûs par un instinct suprême de conservation, obéissent et semblent, dans un profond recueillement, implorer l'assistance de Celui qui seul peut les sauver de ce nouveau péril.

La barque, lancée par Caboche et ses deux braves aides, franchit l'espace qui la sépare des naufragés avec une vitesse prodigieuse. La foule

suit avec anxiété cette marche vertigineuse, et,
pour un instant, en présence du danger qui
menace ces vingt-deux personnes, paraît oublier
les cinq malheureux naufragés qu'elle a déjà
vus disparaître et reparaître plusieurs fois au-
dessus de l'eau ! Caboche ne les oublie pas ! Il
arrive enfin ! Le premier à sa portée, c'est Ravard, coiffeur, ancien militaire, excellent nageur,
qui, en se dirigeant vers un arbre dont les
branches paraissent au-dessus de l'eau, lui dit
qu'il se retirera bien seul et recommande de
porter secours à ses camarades.

Il ne sait qui est le second, dont il n'aperçoit
que la tête immergée dans l'eau, s'en allant à la
dérive ; il plonge le bras si profondément que sa
figure baigne dans l'eau ; il saisit la chevelure,
et, aidé de Mathurin Prouteau et de Chatelain,
le seul des inondés recueillis qui ait conservé son
sang-froid, il hisse dans sa barque le canotie^r
Bernard. Julien Lecomte, pendant ce temps,
maintient la barque ; mais l'effort qu'il a fallu
faire pour retirer ce corps de l'eau lui a imprimé
un si vigoureux mouvement que l'eau entre par-

dessus le bord. La foule, terrifiée, craint, en cet instant suprême, qu'elle ne plonge à son tour, et qu'une catastrophe plus horrible encore que la première ne la suive de près. Une manœuvre faite habilement rétablit l'équilibre, et un grand soupir de soulagement s'échappe de toutes les poitrines !

Ce malheureux Bernard, après avoir plusieurs fois reparu à la surface de l'eau, disparaissait pour la troisième fois ! Quelques minutes de retard, il était perdu, car il était complètement privé de connaissance (VII, VIII, IX) !

Ce sauvetage opéré, Caboche cherche dans cette eau tourmentée où sont les autres naufragés. Il aperçoit une peau flottante sur l'eau, entraînée par le courant ; il se dirige en hâte vers cet objet, le saisit et retire Lavallée. Le paletot de peau de bique qu'il portait, en faisant voile, l'avait maintenu entre deux eaux et empêché de couler à fond.

A ce moment, des barques, envoyées du rivage pour porter secours, arrivaient sur le lieu du sinistre. Dans la première se trouvait Rocmort, artiste dramatique. Aidé de lui et de ses hommes, Caboche embarque le naufragé, évanoui, ne donnant plus signe de vie (X).

On le conduit à l'endroit de débarquement, où les premiers soins lui sont donnés par le docteur Latour; après quoi, il est transporté à son domicile.

Ce ne fut qu'au bout de douze heures et après des soins infinis qu'il reprit complètement connaissance.

D'une grosseur extraordinaire, Lavallée avait fait preuve d'un grand courage, en s'exposant à de si terribles dangers !

Lutton qui était parvenu à s'accrocher à un arbre fut recueilli avec Ravard par des barques venant de la rive. Tous deux ont dû éprouver une grande douleur, voyant, de l'endroit où ils avaient heureusement trouvé un refuge, la lutte que soutenaient leurs camarades, pour échapper au danger qui les menaçait, sans pouvoir leur porter aucun secours ! Le malheureux Bigot seul était resté dans l'abîme ! Ce ne fut que dix jours après que son corps fut retrouvé.

En débarquant tous ceux qu'ils venaient de
sauver d'une mort certaine, Caboche et ses deux
camarades de barque furent chaleureusement
accueillis par toutes les personnes présentes, qui
avaient suivi avec anxiété les péripéties de cet
émouvant sauvetage. Cette foule, qui les accla-
mait, était d'autant plus émue de leurs généreux
efforts, qu'elle attendait elle-même le retour
d'êtres chers, exposés à ces mêmes dangers qui
avaient amené cette terrible catastrophe.

La nuit vint interrompre le cours de ces travaux ; les secours les plus pressants étaient
portés ; le danger n'était plus aussi imminent ;
les sauveteurs, harassés de fatigue, avaient besoin de repos pour reprendre de nouvelles
forces.

Cette journée du 21 octobre 1846 avait été bien
employée par Caboche.

Le lendemain, jeudi, à la première heure, tous
ces hommes dévoués venaient avec entrain
braver de nouveaux dangers.

Quoique les eaux eussent un peu baissé dans
la nuit, elles n'en offraient pas moins des risques

et des périls aussi grands que ceux de la première journée.

A ceux-là qu'on avait admirés la veille, vinrent se joindre d'autres hommes dévoués de la
deuxième heure, qui, ne s'étant pas embarqués
le premier jour, ne voulurent pas rester plus
longtemps inactifs en présence de si grands besoins, et dont les services, quoique tardifs, furent
cependant utiles.

Caboche continua ses travaux de sauvetage :
soit qu'il recueillît encore des inondés qui n'a-
vaient pu être secourus la veille ; soit qu'il
portât des vivres à ceux qui, ne croyant plus être
en péril, étaient restés dans leurs demeures.

Après avoir ainsi employé son temps une
partie de la journée, il eut à accomplir un acte
plus périlleux que ceux, nombreux cependant,
qu'il lui avait été donné d'accomplir jusque-là.
Les eaux de la Loire et celles du Loiret, entraî-
nées par la force de leurs courants désordonnés,
qui souvent se produisaient en sens inverse, se
ruaient les unes sur les autres, en des élans furieux, qui amenaient des chocs épouvantables,

et rendaient la traversée du Loiret impraticable. Les communications étant interceptées entre Orléans et Olivet, l'administration des postes se trouvait dans l'impossibilité de prendre les dépêches du centre de la France, qui s'accumulaient à Olivet, et cherchait un moyen de se les procurer. Sollicité par elle à ce sujet, Caboche consulte ses deux braves camarades, leur expose le péril que présente l'accomplissement d'une semblable mission, le peu de probabilités qu'il y a pour eux de réussir à opérer cette traversée si dangereuse, ajoutant que, cependant, il la tentera s'ils veulent l'y aider.

Ces deux hommes courageux, qui l'ont vu à l'œuvre, qui ont en lui une confiance aveugle, ne cherchent pas à le détourner de ce projet, et se disent prêts à aller où il ira... Il part, et parvient à conduire, à Olivet, l'agent de l'administration chargé d'en rapporter les dépêches. Par son sang-froid, sa fermeté, il surmonte toutes les difficultés de cette course, dont l'obscurité, jointe à la longueur de la traversée, faisait une entreprise vraiment audacieuse (VII).

A sept heures et demie, trois heures après son départ, il était de retour ; la mission dont on l'avait chargé se trouvait heureusement terminée (XI).

Le lendemain, vendredi, la baisse des eaux offrant toujours de nouveaux obstacles, ne trouvant plus d'inondés à secourir, il fit encore trois fois cette traversée du Loiret, que personne n'avait osé faire avant lui, toujours avec la même habileté et avec le même succès (VII, XI).

L'administration des postes, avec ses félicitations et ses remercîments, lui offrit, à titre de gratification, une somme importante en rapport avec les services qu'il avait rendus et les dangers qu'il avait courus : il la refusa généreusement (VII).

La tâche de tous ces hommes dévoués était achevée ; restait maintenant celle à remplir, de récompenser tous les actes de dévoûment.

Il faudrait tout un volume pour mettre à jour tous les faits accomplis, pendant ces trois malheureuses journées, pour en décrire toutes les phases, pour dépeindre les craintes et les an-

goisses qu'ont éprouvées tous ceux qui y ont été
mêlés : Sauveurs, sauvés et spectateurs !

Il y a eu des actes admirables accomplis dans
toutes les classes, dans tous les rangs de la société.

Une enquête a été faite, mais à part quelques
exceptions, les actions de ceux proposés pour
des récompenses· n'ont pas été publiées, et sont
peu connues aujourd'hui ; leur nom seul nous est
resté.

Cette connaissance des actes de chacun d'eux,
qui déjà aurait été précieuse au point de vue de
l'histoire locale, le serait bien plus encore au
point de vue de la moralité de la famille. Dans
la classe aisée, l'enfant connaît ses ancêtres, ils
sont, pour ainsi dire, toujours présents à ses
yeux ; leurs actes qui se sont transmis de génération en génération, arrivent jusqu'à lui dans
tout leur éclat ; les nobles actions qu'ils ont accomplies, et qui ont illustré leur nom, contri-
buent, dans une certaine mesure, à faire naître en
lui le désir de les imiter ; et quoique cet axiome :
« Noblesse oblige, » ait dans la pratique beaucoup

perdu de sa valeur, il ne se sent pas moins tenu
d'agir avec une certaine réserve, qu'il n'observe-
rait peut-être pas, s'il n'avait toujours présent à
la mémoire ce souvenir de ses aïeux.

Dans la classe populaire, rien de semblable ;
rien qui rattache l'enfant au passé de la famille
qu'il ignore complètement ; il ne connaît rien en
dehors de ceux de ses parents avec lesquels il
vit, et n'a pour modèle que ce qu'il voit s'accomplir sous ses yeux.

Il n'a rien qui lui rappelle les qualités de ses
ancêtres, il ignore leurs belles actions, qui, si la
connaissance lui en avait été transmise, eussent
pu, en lui servant d'exemple, l'aider à traverser
des passages difficiles et souvent l'empêcher de
sombrer !

Si le temps écoulé ne permet plus cette enquête générale, au moins serait-il temps encore,
avec les documents qui nous restent et pendant
qu'il y a des survivants de cette époque, de faire
que le souvenir de ces hommes dévoués et courageux se perpétue dans leurs familles, dont ils
ont honoré le nom, en leur imprimant un cachet

de noblesse — la noblesse du cœur et du dévoûment. — Ce souvenir qu'elles en auraient, leur
permettrait de le transmettre à leurs descen-
dants, qui, avec le nom de leurs ancêtres, auraient la connaissance de leurs actes et des récompenses dont ils ont été l'objet.

Les eaux, en se retirant, laissèrent voir toute
l'étendue des ravages causés par leur débordement.

La plus grande partie des terres, recouvertes
d'une couche de sable, qui atteignait un mètre
d'épaisseur en certains endroits, ne pouvait plus
être ensemencée : c'était encore la perte d'une
année de récoltes, venant s'ajouter à celles déjà
subies.

Le désastre était immense !

C'était une tradition, au moyen âge, de voir
dans les inondations, une manifestation de la
colère de Dieu contre les hommes ; et elle s'est
encore perpétuée fort longtemps après.

S'il fallait se baser sur cette tradition et lui
accorder la faveur dont elle jouissait à cette

époque, il faudrait en conclure que notre pays, à ce moment, devait avoir commis de bien grandes fautes, pour avoir mérité d'être si cruellement frappé par ce fléau.

Les besoins étaient nombreux ; des mesures furent prises pour se procurer les ressources né-cessaires à y faire face.

Le gouvernement, la ville, votèrent des sommes pour les inondés ; de tous côtés s'orga-nisèrent des souscriptions, des concerts, etc., toutes les bourses s'ouvrirent, partout la charité privée se porta au devant du malheur ; et, si on ne parvint pas à combler le gouffre des pertes subies, au moins ce qu'on recueillit put-il servir à satisfaire les besoins les plus pressants.

Le Conseil municipal, avec un empressement qu'on ne saurait trop louer, — car il répondait trop en cela au désir de la population, — voulut s'occuper sans retard de récompenser tous les dévoûments. Il nomma, à cet effet, une commis-sion chargée de faire une enquête et de les lui signaler. L'embarras était grand ; tous avaient fait leur devoir, tous s'étaient prodigués avec la plus généreuse abnégation ; il fallait cependant classer tous les mérites.

Cette tâche fut facilitée par l'opinion publique.

Avec quelques autres, Caboche eut le privilège d'attirer l'attention ; tous prononcèrent son nom, tous voulurent le voir, ceux qui le connaissaient, pour lui adresser leurs plus vives félicitations, ceux qui ne le connaissaient pas, pour connaître l'homme de qui toute la ville s'entretenait en ce moment.

Cet empressement de la population fut sa première et sa plus douce récompense.

Que de marques de sympathie il a reçues !

Que de chaudes poignées de main il a échangées avec ses visiteurs !

J'ai entendu dire à l'un de ceux qui se sont le plus intéressés à lui parmi un grand nombre d'autres, — à M. de Tristan, capitaine commandant la compagnie de sapeurs-pompiers :

« Quand ce brave Caboche, avec son regard franc et loyal, vous presse la main, on sent que

toute son âme est dans cette étreinte ; sa poi-
gnée de main vaut une parole d'honneur ! »

Des offres de toute nature lui furent faites,
il n'en accepta aucune ; il se contenta de remercier les cœurs généreux qui les lui firent, et de
conserver d'eux un bon souvenir.

Pendant que la commission s'occupait avec
zèle du classement des récompenses, la presse ne
cessait de mettre à jour les faits le concernant.

Après une enquête minutieuse, l'honorable
M. Lafontaine, bâtonnier de l'ordre des avocats,
premier adjoint au maire de la ville, absent en ce
moment, et duquel il remplissait les fonctions,
donna lecture de son rapport à la séance du Conseil municipal du 18 novembre ; son caractère
droit. son esprit judicieux, la part active qu'il
avait prise lui-même pendant ces tristes journées. l'avaient fait choisir comme rapporteur
par ses collègues de la commission.

Ce rapport. modèle de clarté, intéressant pour
tous, l'était surtout pour Caboche. tant parce
qu'il mettait en pleine lumière ses qualités brillantes. qu'à cause des faits qu'il révélait ; non-

seulement ceux relatifs à l'inondation, mais encore ceux antérieurs, non moins éclatants, qui étaient restés complètement ignorés jusque-là.

J'ai cité plus haut partie de ces faits qu'on retrouvera au rapport ; je ne puis résister au désir de reproduire ici un extrait des considérations qui les y précèdent.

Après la proposition que fait l'honorable rapporteur, de demander au gouvernement la croix de la Légion-d'Honneur pour MM. Laurenceau et Amy, il continue en ces termes :

« Enfin, Messieurs, vous nous reprocheriez d'avoir laissé notre tâche incomplète si nous ne vous proposions de faire un dernier choix dans d'autres rangs.

« Tout le monde applaudirait, nous l'espérons, en voyant la plus haute distinction honorifique, l'étoile de l'honneur, par exemple, sur la poitrine de M. Laurenceau, sur l'uniforme du colonel Amy ; mais l'on s'étonnerait et l'on s'affligerait, si nous n'exprimions pas, dans ce rapport, le désir de voir briller aussi ce signe glorieux sur la veste de l'homme du peuple.

« Orléans peut être fière de ses enfants, Orléans peut le dire avec orgueil, tous les rangs,
toutes les classes, ont rivalisé de courage et de
dévoûment, toutes ont fourni leur contingent,
parmi cette levée des plus hardis et des plus généreux. Les hommes du peuple, les hommes en
blouse, mariniers ou non, ont largement payé
leur dette, comme les jeunes gens et les citoyens
des classes plus élevées.

« Il nous paraîtrait donc juste que toute cette
classe fût honorée dans la personne d'un homme
choisi au milieu d'elle.

« Alexandre-Joseph Caboche a été particulièrement signalé par le cri public, comme ayant
des premiers pris la part la plus large et la plus
active aux actes d'intrépidité et de dévoûment
que nous voulons honorer, etc... (VII). »

Les deux braves qui ne l'avaient pas quitté
pendant ces périlleuses journées, Bernard et Lavallée qu'il avait sauvés, étaient classés dans la
première catégorie des récompenses.

L'opinion publique ratifia, en ce qui le concer-
nait, la décision du Conseil municipal, qui, à

l'unanimité, acceptait les termes du rapport, et attendit avec impatience, que le gouvernement consacrât ces vœux exprimés par une population entière, en accordant les récompenses qui lui étaient demandées.

L'attente fut longue; la réponse ne fut connue que par une liste qui fut publiée le 16 janvier suivant. Sur cette liste, MM. Laurenceau, Amy, Layallée, Lafontaine, étaient nommés chevaliers de la Légion-d'Honneur, avec quelques autres courageux citoyens du département (XII).

Quel ne fut pas le mécontentement général quand on vit que Caboche avait été oublié ou plutôt écarté !

Le gouvernement avait cru faire assez en lui faisant offrir indirectement une médaille d'or de plus grand module que celui des médailles devant être distribuées ultérieurement.

Blessé de cette offre, il avait refusé, ne comprenant pas qu'après avoir sauvé tant d'existences, tant de fois risqué sa vie, on vînt encore lui marchander la récompense qui lui était légitimement due.

Révoltée par cette criante injustice, la presse locale, sans distinction d'opinions, se faisant en cela l'écho de la population, fit entendre des protestations énergiques (XII, XIII, XIV, XV).

La presse de Paris et de plusieurs départements protesta également ; et, en raison des considérations qui étaient développées dans ces protestations, elles eurent une portée bien plus grande, atteignirent bien plus haut, que ne l'aurait comporté en tout autre cas une injustice ordinaire (XVI).

C'est que cette injustice n'atteignait pas seulement Caboche ; elle atteignait la population, qui, ayant fait de cette affaire la sienne, se sentait profondément blessée de ce refus.

Elle atteignait encore la municipalité, qui, en raison du courage qu'il avait déployé, ayant jugé qu'une distinction éclatante était la seule qu'il convenait de lui offrir, se sentait froissée de voir que satisfaction n'était pas donnée à sa demande.

Des réclamations furent adressées au gouvernement ; on organisa des pétitions, tout cela

avec un tel ensemble, une telle énergie, que,
mieux avisé enfin, il dut céder à ce vœu unanime (XVII).

Le 22 janvier 1847, Caboche était nommé
chevalier de l'Ordre royal de la Légion-d'Honneur (XVIII).

Le 24, il en reçut la nouvelle dans un pli que
lui adressa le Ministre de l'Intérieur.

Ce même jour avait lieu la réunion de la corporation des portefaix en assemblée générale : il
s'y rendit porteur de ce pli et en donna connaissance à ses camarades. La nouvelle fut ac-
cueillie par les plus vives démonstrations
d'amitié.

Lecture en fut faite à haute voix par le capitaine du port, chevalier de la Légion-d'Honneur ;
tous écoutèrent religieusement, tête nue ; après
quoi, les cris : « Vive Caboche ! » éclatèrent de
toutes parts.

Plusieurs d'entre eux, qui, comme lui, avaient
couru les plus grands dangers et étaient proposés pour des récompenses, se sentaient déjà à
demi récompensés par cette distinction accordée

à un des leurs, sinon au plus brave, au moins à celui qui avait eu, le plus souvent et dans les circonstances les plus périlleuses, occasion de manifester sa bravoure (XIX).

Le 26 janvier, M. Sevin-Mareau, député, recevait une lettre du Ministre de l'Intérieur lui donnant avis de la nomination, en réponse aux démarches qu'il avait faites à ce sujet. Heureux de ce résultat, il s'empressa de l'apporter à Caboche, qui lui adressa ses plus sincères remerciments (XX).

Le 5 février, il recevait la croix des mains de M. le Préfet, qui la lui attachait sur la poitrine et lui remettait son brevet (XXI).

Satisfaction lui était donnée, justice lui était enfin rendue ; elle était tardive !

Elle suggéra à la presse des réflexions à ce sujet, qui ne faisaient que confirmer combien la population, unanime dans ce vœu, avait attaché d'importance à ce que tant d'actions éclatantes fussent récompensées par une haute distiction (XXII, XXIV).

M. Charles Pensée, notre concitoyen, artiste

de talent, vint le féliciter et lui témoigner le désir
qu'il avait de faire son portrait au crayon;
il le fit et le lui offrit ensuite, avec une dédi-
cace.

Ce portrait, qu'il avait fait en double, et dont
il envoya une copie à l'*Illustration*, fut repro-
duit à la première page de ce journal, dans son
numéro du 30 janvier 1847, qui consacra quelques
lignes à l'éloge de celui dont il retraçait les
traits (XXIII).

M. Clément, dont il avait sauvé la sœur, le
vigneron, sa femme et ses enfants, le fit peindre
en buste par Mlle Schmitt, artiste distinguée,
qu'il avait sauvée avec eux. La reconnaissance
qu'elle devait à son modèle l'aida puissamment à le reproduire avec une grande vigueur
d'expression.

Ce portrait, qui n'est pas sans valeur au point
de vue de l'exécution, en possède une bien plus
grande pour la famille, en raison des circonstances dans lesquelles il a été fait et offert.

M. Clément avait obtenu de l'administration
qu'il fût exposé dans la grande salle du Musée.

Telle était l'admiration de la population pour la conduite de Caboche que, pendant les quelques jours qu'y resta son portrait, la foule qui voulut le voir fut considérable.

L'artiste avait tenu à le reproduire avec le costume qu'il portait pendant les journées de l'inondation : en gilet rond, coiffé d'un bonnet de coton blanc (cette coiffure était encore en usage alors parmi les meuniers, boulangers, portefaix), la croix de la Légion-d'Honneur à la boutonnière.

La ressemblance était frappante, l'effet saisissant !

Dans ce portrait, le visage mâle, aux traits fortement accentués, le front large, les sourcils longs et épais, bien séparés, — signe évident de bonté, — représentent bien l'homme fortet énergique ; les bras croisés sur la poitrine, le regard fixé vers en haut, dans une attitude de méditation, indiquent que cet homme songe uniquement à son devoir, que sa pensée en est remplie.

Suivant l'expression du dicton antique, on

sent en le voyant qu'il y a là « une âme saine
dans un corps sain ».

Ce ne fut que fort longtemps après la demande
des récompenses faite au gouvernement par
l'administration, qu'eut lieu la distribution des
médailles.

Impatientés de cette lenteur à les récompenser, ces hommes dévoués, qui n'avaient pas
hésité à risquer leur vie, protestèrent de la façon
la plus vive (XXV).

Le gouvernement fit pour l'application des
médailles ce qu'il avait fait à propos des croix,
et on vit des hommes du plus grand mérite,
proposés par le Conseil municipal pour des
médailles de première classe, recevoir des
médailles de bronze, entre autres les deux
braves mariniers qui étaient avec Caboche, qui
ne l'avaient pas quitté et avaient couru les
mêmes dangers que lui. Aussi y eut-il des protestations et une quantité considérable de réclamations.

Plusieurs refusèrent la distinction qui leur était

accordée, ne la jugeant pas digne de leur mérite et du courage qu'ils avaient montré (XXVI).

Depuis longtemps déjà, Caboche faisait partie de la garde nationale. M. de Tristan l'engagea à entrer dans la compagnie des sapeurs-pompiers, dont il était le chef. Il accepta avec empressement ; il savait qu'il trouverait encore, dans cette compagnie d'hommes dévoués, l'occasion de rendre des services.

Comme il était le seul qui fût décoré, il avait l'honneur d'accompagner le drapeau chaque fois qu'il sortait.

De 1847 jusqu'à l'époque de sa mort, pas un seul incendie n'a eu lieu sans qu'il y ait porté secours, pas un accident sur la Loire sans qu'on soit venu lui demander aide et conseils.

La corporation des portefaix, dont il faisait partie, avait conservé, l'une des dernières, l'usage de fêter chaque année l'anniversaire de son patron, saint Christophe.

Elle se rendait à l'église de Saint-Paul, où se

célébrait cette cérémonie, et assistait aux
offices de la journée dans le plus profond recueillement.

Ce jour-là, l'église avait ses airs de grande fête.

Le vénérable curé, l'abbé Boutillier, homme
d'une simplicité et d'une bonté extrêmes, aimait,
autant qu'il en était aimé, ces hommes à l'écorce
rude, sous laquelle il savait que, chez la plupart,
se trouvait un cœur d'or.

Il profitait de cette circonstance qui les réu-
nissait en sa présence, pour leur adresser quelques bonnes paroles, pour les engager à sup-
porter toujours avec le même courage, les
fatigues du rude métier auquel ils se livraient.

Entre les vêpres et le salut de la fête qui
suivit l'année de l'inondation, il monta en chaire
comme il en avait l'habitude, et, après leur
avoir fait une exhortation paternelle, il choisit
comme sujet de son entretien les actes de la
vie de Caboche; il les exposa nettement, simplement, de sa parole familière et pleine de
sens. En traduisant sa pensée, il s'adressa plus
au cœur qu'à l'intelligence de ceux qui l'écou-

taient ; il était assuré ainsi d'être bien compris par eux.

Ils furent d'autant plus émus des éloges qu'il fit de la conduite de Caboche, qu'à part le plaisir qu'ils éprouvaient de les entendre, beaucoup pouvaient, à juste titre, en prendre une bonne part, qu'ils méritaient eux-mêmes.

En 1848, des meneurs venus du dehors organisèrent des agitations, qui ne tardèrent pas à dégénérer en émeutes.

La troupe et la compagnie de sapeurs-pompiers firent des patrouilles pour maintenir l'ordre ; des pierres leur furent lancées. Caboche en reçut plusieurs. L'une d'elles l'avait été si vigoureusement qu'il aurait pu être blessé grièvement s'il n'avait été préservé par sa croix, qui fut brisée en recevant ce choc.

Les insensés qui l'ont brisée, ne se sont pas rendu compte, combien de fois il avait fallu qu'il donnât de preuves de dévoûment et de courage, pour avoir l'honneur de la porter !

Peu de temps après, la corporation des portefaix perdait son président. Il fut élu à l'unanimité et conserva jusqu'à sa mort ces fonctions, dans lesquelles lui succéda son fils aîné.

Il était encore dans toute la force de l'âge quand un nouveau fléau vint fondre sur notre malheureux pays !

Une inondation, aussi désastreuse dans ses conséquences que celle de 1846, venait, à dix ans de distance, semer encore une fois la désolation et la ruine dans nos campagnes !

INONDATION

Des 2, 3 et 4 juin 1856

L'exposé sommaire que j'ai fait de l'inondation de 1846 peut donner une idée de ce que fut celle de 1856.

Les eaux atteignirent $7^m 10$ à l'étiage du pont, soit 40 centimètres de plus que le niveau atteint en 1846. La levée de Saint-Cyr ne put résister au courant furieux, qui s'y ouvrit un passage, renversant et entraînant tout ce qui se trouvait sur sa route.

L'expérience de 1846, jointe à la facilité de communications qui n'existaient pas à cette époque, permirent à l'administration, quelque temps à l'avance, de prévenir les riverains en danger d'être encore une fois inondés. Les personnes qui ne se crurent pas en sûreté chez elles, purent se procurer un abri. Celles qui ne voulurent pas quitter leurs demeures, firent leurs provisions pour quelques jours ; mesures qui n'avaient pu être prises en 1846, personne n'ayant été averti à temps.

On fit partir les bestiaux ; on déménagea les meubles et les récoltes qui étaient rentrées ; et, quand se produisit l'envahissement du Val par les eaux, tout ce qui avait pu être enlevé était à l'abri du fléau.

Malheureusement, les récoltes encore sur pied ne purent être sauvées ; toutes furent submergées, bouleversées, ensablées, anéanties ; les pertes furent immenses !

Avec les précautions prises, les personnes ne coururent pas autant de dangers, ni de même nature, que ceux dont elles avaient été victimes à la précédente inondation. Cependant, il y eut encore quelques malheurs à déplorer. Près de l'Orme-Grenier, une brave femme, qui n'avait eu que le temps de se réfugier sur son mur, y était à peine, que l'eau, arrivant comme un torrent, entraîna le mur et la précipita dans l'abîme !

Les hommes dévoués qui s'offrirent pour porter secours et exposèrent leur vie ne manquèrent pas. A ceux qui s'étaient distingués à la précédente inondation, vinrent s'en joindre de nouveaux, trop jeunes à cette époque pour avoir pu apporter leur concours, mais décidés à faire ce qu'avaient fait leurs aînés, maintenant qu'ils étaient d'âge à le faire.

Caboche, dès qu'il eut connaissance de ce nouveau débordement, s'empressa de se porter sur le lieu du désastre. Il fit conduire une barque près du Jardin des Plantes ; accompagné de son fils aîné et de Faucoin, propriétaire du bateau-lavoir placé le premier en aval du pont, à qui appartenait la barque, il se dirigea vers ces lieux, qu'il connaissait déjà, pour porter secours aux inondés. Si, par suite des mesures de précaution qui avaient été prises, ils se trouvaient dans une position moins critique qu'à la première inondation, le danger n'était pas moindre pour ceux qui allaient les secourir. Le fleuve était toujours aussi dangereux, ses courants tumultueux et désordonnés autant à craindre, ses écueils aussi redoutables.

La part que Caboche, — aidé par Mathurin Prauteau et Julien Lecomte, — avait prise à l'inondation de 1846, indique suffisamment, sans qu'il soit besoin de s'étendre davantage, ce qu'il a dû faire en 1856, aidé par son fils aîné et Faucoin, qui ont couru les mêmes dangers que lui pendant ces malheureuses journées ! Après avoir ramené plusieurs barques d'inondés, porté secours et vivres là où il y avait besoin, il se dirigea vers le Loiret, dont la traversée, qu'on ne pouvait risquer sans s'exposer aux plus grands dangers, était presque impraticable.

M. d'Illiers, maire d'Olivet, qui n'avait pas quitté ces lieux de désastre depuis le commencement de l'inondation, était sur l'autre rive du Loiret, faisant porter vivres et secours à ceux qui en avaient besoin, se multipliant avec un zèle qu'on ne saurait trop louer, pour arriver à organiser le transport des passagers et inondés de l'une à l'autre rive de cette vaste étendue d'eau.

Caboche et les deux hommes qui l'accompagnaient, en arrivant à temps, purent mettre ce projet à exécution.

La traversée du Loiret, aussi périlleuse à ce moment que l'avait été celle qu'il avait faite en 1846, aidé de Mathurin Prauteau et de Julien Lecomte, pour le transport des dépêches, fut pour la première fois, et au milieu des mêmes obstacles, heureusement accomplie par lui, son fils et Faucoin pour le transport des inondés et des passagers.

Plusieurs fois ensuite, ils firent cette traversée avec le même succès.

Le lendemain, quoique les eaux eussent un peu baissé, les risques n'étaient pas moindres ; et aux besoins de la veille était venu s'ajouter celui plus urgent encore d'assurer l'alimentation.

Caboche conduisit aux boulangers d'Olivet de la farine dans sa barque ; elle arrivait bien à propos, les approvisionnements étaient épuisés.

C'est pendant qu'il faisait ce trajet que, tout à coup, survint un accident terrible, rappelant celui survenu à la barque du malheureux Bigot en 1846. Le récit de cette catastrophe se trouve en partie dans le *Journal du Loiret* du 6 juin.

Il est regrettable que les noms de tous ceux qui ont prêté leur concours en cette malheureuse circonstance n'aient pas été cités dans ce récit; leur conduite a été digne de tous éloges. M. Asseline y est nommé, et Caboche y est signalé par cette phrase : « Cette fois encore, le brave Caboche était là! » Puis, plus de noms! Cependant, d'autres ont contribué pour une bonne part au sauvetage.

Il semblerait, d'après ce qui précède, que Celui qui dirige tout, eût conduit Caboche, pendant ces deux inondations, là où se passaient les scènes les plus navrantes, là où il fallait porter les plus prompts secours. En 1846, une barque sombre dans un gouffre, celle du malheureux Bigot, il se trouve là pour sauver la vie à Bernard et à Lavallée qui, sans lui, périssaient inévitablement.

En 1856, une barque sombre dans cet autre gouffre du pont du Loiret, celle du malheureux abbé Portheau, et il se trouve encore là pour contribuer à sauver de cette position critique les pauvres naufragés.

Pourquoi faut-il que, dans chacune de ces catastrophes, il y ait eu à déplorer la mort d'une victime!

Je ne m'étendrai pas davantage sur ce qui s'est passé pendant cette inondation; la liste qui fut publiée le 16 août suivant a donné les noms des hommes dévoués qui ont reçu la récompense de leur dévoûment. Il y en a eu d'oubliés; cela était inévitable parmi un si grand nombre. Ceux-là n'ont qu'à suivre l'exemple de Caboche si longtemps oublié; ils n'ont qu'à continuer à se dévouer, chaque fois et de quelque façon que l'occasion se présente; s'ils n'ont pas d'autre récompense, ils en trouveront toujours une, — la meilleure, — dans la satisfaction qu'ils éprouveront à faire le bien.

Les ravages causés par cette deuxième inondation étaient au moins aussi importants que ceux qu'avait causés la précédente.

L'Empereur vint à Orléans le 7 juin pour se rendre compte de l'étendue du désastre. Tout ce qu'on put faire fut fait pour indemniser les pauvres inondés des pertes qu'ils avaient subies, et le temps qui efface tout, s'il ne fit pas oublier complètement ces pertes, contribua du moins à en atténuer l'importance, au fur et à mesure, qu'en s'éloignant de l'époque du désastre, on travaillait activement à les réparer.

Après ces journées de fatigues, Caboche reprit le cours de ses rudes travaux ; mais il s'aperçut bientôt que tant d'efforts avaient ébranlé sa santé ; il n'en continua pas moins à se porter partout où il pouvait rendre service.

Les actes de dévoûment qu'il a accompli et dont je n'ai cité qu'une partie, se sont succédé avec une telle rapidité, que j'ai peu parlé de sa vie ordinaire ; elle ne mérite que des éloges. Pourquoi, avec les élans de charité qui débordaient de son cœur, n'était-il pas né fortuné ? Que d'heureux il aurait faits ! Quoique limité par sa position modeste, il secourait, le plus qu'il pouvait, ceux de ses amis qui étaient dans le besoin. Le nombre en est grand de ceux qu'il a soutenus et relevés !

Le dernier incendie auquel il porta secours fut celui de MM. Bigot frères, sur le quai. Après être resté dans les endroits les plus périlleux pendant tout le temps qu'il dura, il s'aperçut en rentrant chez lui que la maladie, dont il souffrait depuis quelque temps déjà, s'était aggravée. A partir de ce moment, il dut renoncer à un travail continu, et la santé de cet homme robuste alla de jour en jour en s'affaiblissant.

Le mal dont il était atteint n'était pas de ceux qu'on pouvait guérir, et, malgré les soins affectueux dont il était entouré, le moment fatal approchait.

Quoique n'ayant fréquenté les églises que rarement, aux grandes fêtes et à la fête de saint Christophe, il y avait en lui ce profond sentiment religieux, qui se trouve dans le cœur de tout homme véritablement honnête.

Sentant sa fin proche, ce sentiment se réveilla avec une force intense.

Il fit appeler le vénérable abbé Clesse, curé de sa paroisse, Notre-Dame-de-Recouvrance, s'entretint avec lui et lui fit part du désir qu'il avait de mourir chrétiennement. Ils restèrent seuls quelques instants... Il se confessa.

De quoi pouvait bien avoir à s'accuser cet homme honnête, dont tous les instants avaient été employés à faire le bien, et dont toute la vie pouvait se résumer en deux mots : travail et dévoûment ?

Ses dernières dispositions prises, il voulut recevoir les sacrements, et, à ce moment solennel, entouré de sa femme qu'il affectionnait tendrement, de ses enfants qu'il chérissait, et des personnes qui avaient suivi le prêtre et étaient entrées dans sa chambre, faisant un suprême effort, surmontant les souffrances qu'il endurait, il redevint pour un instant l'homme énergique au jugement sain qu'il avait été toute sa vie.

Avec une force de volonté dont on ne l'aurait plus cru capable, il commanda à sa femme et à ses enfants de s'approcher de son chevet; ce qu'ayant été fait, il leur dit d'une voix calme et digne ces belles paroles que n'oublieront jamais ceux auxquels elles étaient adressées : « Ma femme, mes enfants, vous m'avez vu vivre en bon époux et en bon père de famille, vous allez me voir mourir en bon chrétien ! »

Le bon curé, ému autant que l'assistance, administra les derniers sacrements à celui qui, après s'être confié à lui, se montrait si bien disposé à les recevoir.

Le lendemain, 20 avril 1864, il rendait sa belle âme à Dieu ; la fin avait dignement couronné l'œuvre !

Avec le temps, des événements étaient survenus qui avaient occupé l'attention publique ; sa mort ramena à sa mémoire, avec plus d'ardeur encore, la sympathie dont il avait été entouré pendant sa vie. La foule qui suivit son cercueil fut considérable ; toutes les corporations desquelles il faisait partie : portefaix, mariniers, sauveteurs y assistèrent avec leurs drapeaux. Ses amis tinrent à honneur de le porter à tour de rôle. Les officiers de sapeurs pompiers et un piquet de la compagnie, l'accompagnèrent à sa dernière demeure.

La messe, qui fut dite par le digne abbé Clesse,

fut imposante; on sentait que ceux qui assistaient à cette cérémonie n'étaient pas venus là seulement pour remplir un devoir de politesse, mais que le motif de leur présence avait un caractère plus élevé, et qu'ils étaient frappés de cette perte.

Par dérogation à ce qui a lieu habituellement, l'abbé Clesse monta en chaire pendant la messe, et retraça longuement sa vie désintéressée toute de courage et de dévoûment. Il s'étendit sur sa fin chrétienne, et répéta les paroles qu'il avait adressées à sa femme et à ses enfants à ses derniers moments.

Cette parole chaude et vibrante partant du cœur fut écoutée avec la plus religieuse attention. Ce qu'elle exprimait se trouvait être en rapport trop intime avec les sentiments de ceux auxquels elle était adressée pour qu'il en fût autrement.

Ainsi se termina la carrière de cet homme de bien, qui, si l'instruction avait été chez lui en rapport avec les qualités morales dont il était doué, aurait pu parvenir à une situation supérieure et rendre, avec ceux qu'il avait rendus en si grand nombre, des services d'un autre ordre.

De la route qu'il s'était tracée, il n'est jamais sorti.

Il a justifié pleinement cette devise, dans l'esprit de laquelle il s'est toujours maintenu, et qu'il aurait pu à juste titre s'approprier :

Toujours droit.

PIÈCES JUSTIFICATIVES

Les pièces suivantes sont tirées des archives départementales du Loiret, des papiers de famille ou des journaux déposés à la Bibliothèque d'Orléans. — Les premières sont comprises sous les numéros I, III, IV, V, VI, VII et IX ; les secondes, sous les numéros II, VIII, X, XVIII, XX, XXI, XXIII et XXVII ; enfin les troisièmes portent les numéros XI à XVII, XIX, XXII à XXVI.

I

Je certifie que le sieur Caboche a servi avec honneur, en qualité de clairon, dans le 6me régiment d'infanterie de la garde royale ; qu'il s'est distingué par sa bonne conduite et par son courage pendant la campagne de 1823 en Espagne, particulièrement le 31 aout à l'attaque et à la prise du Trocadéro.

En foi de quoi, je lui ai délivré le présent certificat.

Fontainebleau, le 18 novembre 1846.

Le Comte DE LA SEINIE.
Ancien Lieutenant-Colonel de la garde royale.

II

Duchenaux racontera mieux que je ne pourrais le faire ce que CABOCHE a fait pour lui, mais voici ce que j'ai entendu dire souvent à Duchenaux au régiment :

« C'est à ce brave CABOCHE que je dois la vie et la Croix d'honneur qui m'a été décernée à cette occasion, car sans lui je n'existerais certainement pas ; je n'oublierai jamais cela de ma vie.

« Je me souviens que, dans la même campagne, il a accompagné un officier qui était allé chez l'ennemi en parlementaire, et qu'en revenant, sans doute par un malentendu, les Français tirèrent sur cet officier et sur lui, et grâce à sa présence d'esprit et à son sang-froid (il était alors cornet de voltigeurs) il se mit à sonner pour se faire reconnaître par l'armée française. Cette présence d'esprit le fit bien voir de ses chefs.

ÉTIENNE CONSTANT,
Ancien voltigeur au 6me régiment de la garde royale.

III

Je soussigné, Pierre-Andreny Duchenaux, Chevalier de la
Légion-d'Honneur, garde au Luxembourg, ex-sergent de
grenadier au 6me régiment de la garde royale, déclare que, me
trouvant cerné par une dizaine d'Espagnols à la prise du
Trocadéro, le 31 août 1823, je suis parvenu, avec l'assistance
de M. Caboche, ex-trompette audit régiment, à en tuer une
partie et disperser l'autre, et que, grâce à sa bravoure et à son
courage, j'ai été préservé d'une mort certaine.

En foi de quoi je lui ai délivré le présent pour rendre
hommage à la vérité que j'atteste sur l'honneur.

Paris, le 17 novembre 1846.

DUCHENAUX.

Je certifie que c'est bien la signature de Duchenaux,
Chevalier de l'Ordre-Royal, de la Légion-d'Honneur, ancien
sous-officier retraité, maintenant surveillant sous mes ordres

au Palais de la Chambre des Pairs et du Jardin du Luxembourg.

Paris, le 17 novembre 1846.

*Le chef de bataillon en retraite, officier de l'ordre royal
de la Légion-d'Honneur, chevalier de l'ordre militaire
de Saint-Louis.*

DOUAY.

Je saisis cette circonstance avec empressement, pour
confirmer les faits énoncés au présent certificat, me les rappelant parfaitement

Paris, le 17 novembre 1846.

L. LAURENT.

*Ex-caporal au 6e régiment d'infanterie de la garde royale,
sous les ordres du capitaine Boissel, commandant la
compagnie à laquelle j'appartenais lors de la prise du
Fort indiqué d'autre part.*

IV

Paris, 17 novembre 1846.

« Mon cher ami,

« J'ai reçu avec le plus sensible plaisir de tes nouvelles.

« Je t'ai fait un certificat légalisé de forme, je te l'envoie sous ce pli.

« Ne crois pas, mon cher CABOCHE, que j'ai oublié l'affaire où tu m'as donné un si bon coup de main : ces sortes de choses ne s'oublient jamais. Ne m'épargne pas dans toutes les occasions où je pourrais t'être utile... »

« Tout à toi.
« DUCHENAUX. »

« P.-S. — Ton ami Laurent a saisi avec empressement l'occasion de t'être agréable, il a mis lui même une apostille ; il est très content que tu aies trouvé une occasion de te signaler dans ces malheureuses circonstances. »

V

<table>
<tr><td>MINISTÈRE
de la
GUERRE.</td><td style="text-align:right">Orléans, le 13 novembre 1846.</td></tr>
</table>

L'Officier d'administration comptable des subsistances militaires du département du Loiret,

Certifie avec le plus grand empressement que c'est à l'intrépidité et au courage du sieur Caboche, qu'il a dû la vie en 1831.

Un cheval rétif emportait dans la Loire un cabriolet qui contenait le soussigné et sa femme; déjà même le cabriolet avait une roue hors de la berge, lorsque le sieur Caboche s'élance, et sans craindre le péril qui le menaçait, il saisit le cheval à la bride, et fait preuve d'une force si remarquable, qu'il attire à lui le cheval et la voiture.

Le soussigné déclare que c'est spontanément et sans que le sieur Caboche lui ait demandé cette attestation, qu'il se sent heureux de la lui donner.

FABRE DE LA BÉNODIÈRE.

VI

Je certifie que Praudeau, de Saint-Sébastien, près Nantes, était avec CABOCHE, le mercredi, et qu'ils ont les premiers franchi les courants de Barbotte et ceux de l'Orme-Grenier, pour y sauver ma sœur et les vignerons qui étaient depuis trois heures du matin dans le grenier, mouillés jusqu'à la ceinture.

Orléans, le 20 février 1847.

CLÉMENT.

VII

EXTRAIT DU RAPPORT *fait au conseil municipal dans sa séance du 18 novembre 1846, par M. Lafontaine, rapporteur de la Commission des récompenses.*

Après les considérations précédant l'énumération des actes, M. Lafontaine s'exprime ainsi :

« Alexandre-Joseph CABOCHE, a été particulièrement signalé par le cri public, comme ayant des premiers pris la part la plus large et la plus active aux actes d'intrépidité que nous voulons honorer.

« Il était à la tête des braves gens qui ont ramené à Orléans la famille Courtin, réfugiée dans un grenier. MM. Courtin ont été retirés par les gouttières placées à une grande hauteur au-dessus du niveau de l'eau ; CABOCHE a opéré ce tour de force en passant derrière une cheminée et en se laissant glisser dans le grenier par une lucarne.

« Il a été du nombre de ceux qui ont eu le bonheur d'arracher à une mort certaine le canotier Bernard, renversé avec la barque qui portait le courageux et infortuné Bigot ; à ce moment, la barque de CABOCHE rentrait chargée de dix-neuf personnes qu'il venait de retirer en défonçant le toit.

« Le même jour, il sauvait la famille Chatelain, menuisier rue de la Cigogne, en se hissant à l'aide de cordes à une hauteur de dix mètres.

« Dans la soirée du lendemain jeudi 22, CABOCHE, à la sollicitation de l'administration des postes, conduisait à Olivet l'agent de cette administration chargé d'en rapporter les dépêches. Par son sang-froid, sa fermeté, il surmontait heureusement les difficultés et les dangers de cette course dont l'obscurité, jointe à la longueur de la traversée, faisait une entreprise vraiment audacieuse. CABOCHE a refusé la gratification qui lui était offerte par l'administration des postes.

« Enfin, le vendredi, triomphant avec la même habileté des nouveaux obstacles que présentait la baisse des eaux, il est parvenu à faire trois fois le même voyage, toujours avec succès.

« Obéissant au seul sentiment de la reconnaissance, un de nos honorables concitoyens, M. Fabre, officier de l'administration des subsistances militaires, s'est empressé de révéler spontanément le service signalé que CABOCHE lui a rendu à une autre époque.

« En janvier 1831, un cheval rétif emportait dans la Loire un cabriolet qui contenait M. Fabre et son épouse. Déjà même, c'est M. Fabre qui parle, le cabriolet avait une roue hors de la berge, lorsque CABOCHE s'élança et, avec une intrépidité, une force et une adresse auxquelles M. Fabre proclame qu'il a dû la vie, saisissant le cheval à la bride, il détourna et attira puissamment à lui le cheval et la voiture.

« CABOCHE est entré au service le 4 août 1819. Il a été incorporé au 6me régiment de la garde royale comme enrôlé volontaire.

« Il a suivi en 1823 l'armée française en Espagne, et la commission a acquis la conviction qu'il y a honorablement fait la campagne.

« Elle a lieu de penser que des informations prises par le gouvernement auprès du Ministre de la Guerre et auprès des officiers de la 2me compagnie du 3me bataillon du 6me régiment de la garde-royale encore existants, M. le comte de la Seinie, chef de bataillon, M. le baron Devaux, capitaine, confirmeraient les attestations mises sous les yeux de la commission et données par un témoin oculaire, desquelles résulte la preuve d'une action d'éclat de la part de CABOCHE, action restée sans récompense.

VIII

EXTRAIT *d'une lettre écrite le 26 octobre 1846,*
par M. CHATELAIN.

MONSIEUR LE RÉDACTEUR,

Je vous donne connaissance des faits suivants du 21 courant :

Le 21, de deux à quatre heures du soir, le sieur CABOCHE et deux mariniers avec lui, conduisant une barque, est remonté par le derrière de la rue de la Cigogne, est venu me chercher ainsi que ma femme et mes deux enfants, en me disant : « Sauvez-vous, mes enfants, il est grand temps, votre maison s'écroule. » Nous avons descendu par le toit de la maison, à l'aide d'un faible cordage au-dessus de trois mètres d'eau de profondeur, et par le grand torrent de la Cigogne ; il fut le premier qui ait pu arriver dans le torrent, au moment où les eaux étaient à leur plus grande hauteur, de là nous descendons ce torrent, et entendant des cris d'alarme, *la maison s'écroule !*

Nous rejoignons la route d'Olivet, où nous sauvons encore

trois ménages composés de dix personnes, hommes, femmes et trois enfants, sur les toits de leurs maisons, à l'aide de draps de lit. Enfin, on nous ramène à bord ; en descendant le champ à Boileau, nous voyons des hommes qui se noient, nous leur crions : « Courage, courage, mes amis, nous sommes à vous. »

Le premier, nommé Bigot, a disparu près de notre barque et a été noyé ; le deuxième, nommé Bernard, ayant perdu ses forces, étant entre deux eaux, a été attrappé par les cheveux par CABOCHE et retiré comme mort ; le troisième, Ravard, était monté dans les branches d'un arbre ainsi que Lutton ; le cinquième, Lavallée, complètement évanoui, soutenu par son paletot de peau de bique, a été également sauvé par CABOCHE, que nous avons aidé le mieux que nous avons pu dans ces tristes circonstances ; une autre barque est venue à notre aide : on est sauvé sain et sauf, et nous arrivons à bord.

IX

Je certifie que, le 21 octobre 1846, étant en sauvetage, nous avons eu le malheur d'échouer ; j'allais périr sans les secours du sieur CABOCHE, qui m'a retiré de l'eau, après avoir disparu pour la troisième fois ; j'étais sans connaissance, c'est donc à lui que je dois la vie.

BERNARD,
Canotier de la Patache de la Tour-Neuve.

X

Orléans, le 12 mars 1892.

J'ai pris avec plaisir connaissance du récit relatif à l'accident de 1846 : il est exact. J'étais présent au moment de la catastrophe, et mon père m'en a parlé bien des fois depuis dans les mêmes termes.

C'est M. CABOCHE qui — en le retirant de l'eau au moment où, après avoir en vain lutté contre le courant, il disparaissait complètement évanoui — lui a sauvé la vie.

J'en ai gardé le souvenir, et en certifiant ce fait, en même temps que je rends justice à la vérité, je rends hommage à la mémoire de M. CABOCHE.

Agréez, etc.

C. LAVALLÉE.

XI

EXTRAIT *du journal* Le Messager du Loiret, *28 octobre 1846.*

Après avoir ainsi employé une partie de sa journée du jeudi, il est parti à quatre heures et demie du soir pour Olivet, et en est revenu à sept heures avec les dépêches, malgré le danger que présentait la traversée du Loiret dans l'obscurité et la plaine semée d'obstacles de tous genres qu'il pouvait à peine distinguer.

Vendredi, CABOCHE s'est montré tout aussi hardi et infatigable; il a fait trois voyages d'Olivet, et seul, de tous ceux qui l'ont tenté, il est parvenu à surmonter les obstacles que présentait la diminution des eaux.

XII

EXTRAIT *du Journal du Loiret, 16 janvier 1847.*

Les citoyens dont les noms suivent viennent d'être nommés chevaliers de la Légion-d'Honneur en récompense de leur belle conduite pendant l'inondation à Orléans :

MM. Laurenceau, Lafontaine, adjoint à la Mairie; O. Amy, colonel de la garde nationale; Lavallée, Doussaint-Péan, Dehais-Bigot, A. de Morogues, maire de Saint-Cyr; de Béhagues, déjà chevalier, a été promu officier.

Chacun aura remarqué qu'il manque au moins un nom à cette liste; ce nom, qui est dans toutes les bouches, est celui d'Alexandre CABOCHE.

Dans son rapport au Conseil municipal, voici comment M. Lafontaine, après avoir rappelé en termes chaleureux les actes de dévoûment de Caboche, s'exprimait, au nom de la Commission des récompenses :

« L'on s'étonnerait et l'on s'affligerait, si nous n'exprimions pas le désir de voir briller aussi le signe de l'honneur sur la veste de l'homme du peuple. Orléans peut être fière de ses enfants. Orléans peut le dire avec orgueil : tous les rangs, toutes les classes ont rivalisé de courage et de dévoûment. Toutes ont fourni leur contingent dans cette levée des plus hardis et des plus généreux. Les hommes du peuple, les hommes en blouse, mariniers ou non, ont largement payé leur dette comme les citoyens et les jeunes gens des classes plus élevées. Il nous paraîtrait donc juste que toute classe fût honorée dans la personne d'un homme choisi au milieu d'elle. »

Il est des sentiments qu'il n'est pas donné à tout le monde de comprendre et de partager; ce qui avait paru juste à M. Lafontaine, rapporteur de la Commission municipale, et à tous les membres de la Mairie, à tout le Conseil, à la Ville d'Orléans tout entière, s'est trouvé ne pas être du goût d'un certain fonctionnaire. Caboche a été écarté.

On ne fera sans doute pas l'injure à ce brave citoyen de nier son dévoûment.

C'est Caboche qui affrontait les entreprises les plus périlleuses pour arracher à la mort des familles désespérées; c'est lui qui, lorsque la barque de Bigot était engloutie, volait des premiers au secours des naufragés et sauvait des flots le canotier Bernard.

C'est lui qui, encore, la nuit, dans l'obscurité, exposant sa vie à chaque moment, allait, à la sollicitation de l'administration des postes, chercher les dépêches du Midi, retenues au-delà d'Olivet. Comme soldat, comme citoyen, il s'était signalé bien avant l'inondation par des actions d'éclat. Pourquoi donc cette exclusion? Serait-ce, comme on le dit en ville, parce que CABOCHE est homme du peuple, qu'il porte une blouse, et qu'aux yeux d'un certain monde, c'est compromettre la croix que de l'attacher à un habit de travail ?

Qui donc a rayé de la liste le nom de CABOCHE? On assure que c'est M. le Préfet. Et pourtant, comment le croire? Moins que personne, M. de Villeneuve était fondé à mettre son initiative en avant.

Absent au moment du désastre, il n'était arrivé à Orléans que cinq jours après l'inondation.

N'ayant rien vu par lui-même, la ligne de conduite pour la distribution des récompenses étant tracée d'avance. Il n'avait qu'une chose à faire : recueillir les rapports des témoins oculaires, écouter le cri de la reconnaissance publique, croire sur parole ceux qui avaient assisté ou pris part aux sauvetages, et récompenser chacun selon son mérite, sans distinction de rang ou d'habit.

Est-ce ainsi qu'on encourage les belles actions du peuple ? Eh quoi! lorsqu'un grand sinistre éclate, lorsque la panique est partout, vous faites appel à ces hommes en blouse, vous les mettez en réquisition, vous les trouvez bons pour se dévouer, pour risquer leur vie, puis, quand vient l'heure des récompenses, vous leur marchandez un bout de ruban! Vous les écartez ; que voulez-vous que le peuple, après cela, croie à vos protestations de sympathie pour lui !

Loin de nous l'idée de faire rejaillir notre critique sur les honorables citoyens que le gouvernement a récompensés à l'occasion de l'inondation. Nous avions nous-même signalé leurs noms et fait connaître leur dévoûment. Et ils seront les premiers, nous en sommes sûrs, à regretter que le nom de Caboche ne soit pas inscrit à côté des leurs.

Ce qui nous indigne, ce qui révolte la conscience de tous, ce que nous dénonçons comme un déni de justice, c'est l'exclusion réfléchie d'un homme que ses titres devaient mettre en première ligne. Il y a de plus, tout le monde est d'accord, que dans ces fatales journées, ceux qui ont fourni les secours les plus efficaces, qui ont aidé le plus utilement au sauvetage, dont le dévoûment enfin a été le plus utile, c'est la population marinière. Ne sont-ce pas, en effet, les mariniers qui dirigeaient les barques, frayaient les voies et commandaient toutes les manœuvres ? Eh bien ! le croira-t-on ? pas un marinier, pas un homme de la condition ouvrière, n'aura reçu cette croix d'honneur que dans d'autres circonstances on jette à profusion.

L'occasion était si belle et si facile au gouvernement de donner une marque de sympathie aux classes laborieuses, de récompenser en un seul tous ces hommes qui se sont si généreusement dévoués, de prouver au peuple autrement que par des phrases creuses et sonores, qu'on l'estime, qu'on l'honore, qu'on s'intéresse à lui !

Cette magnifique occasion, sentie de tous, non seulement

ils ne l'ont pas comprise, non seulement ils l'ont laissé échapper, mais encore ils l'ont écartée.

Ce n'est pas là un fait isolé, c'est une théorie. Ils ont blessé le sentiment public par une injustice gratuite. Les maladroits!

Nous espérons que le Conseil municipal trouvera l'occasion, à sa prochaine session, de protester contre cette inqualifiable exclusion, aussi injurieuse pour le Conseil que pour CABOCHE.

XIII

EXTRAIT *du Journal l'Orléanais, 17 janvier 1847.*

Nous n'avons pas à apprécier ici le choix que le gouvernement a cru devoir faire entre tant d'hommes honorables et dévoués, qui, dès les premiers instants, et pendant tout le temps du péril, ont noblement exposé leur vie pour venir au secours de leurs malheureux concitoyens; mais nous ne saurions dissimuler la profonde surprise que nous avons éprouvée à ne pas voir le nom du brave marinier, Alexandre CABOCHE.

parmi ceux des personnes que le gouvernement vient de décorer de la croix d'honneur.

Alexandre CABOCHE n'est pas le seul, assurément, qui ait honoré la modeste obscurité de sa condition par un courage auquel on ne saurait donner trop d'éloges. Bien d'autres comme lui, soit à Orléans, soit dans les diverses communes atteintes par l'inondation, ont généreusement dévoué au sauvetage des inondés leur santé, leur vie, seuls soutiens de leurs familles ; mais il semblait que, par les services plus nombreux qu'il avait eu le bonheur de rendre, et par les témoins plus nombreux aussi qui avaient pu admirer son infatigable courage, ce brave marinier se trouvât comme le représentant naturel de cette classe laborieuse et dévouée, d'autant plus digne d'être honorée entre tous, que son dévoûment avait été plus méritoire et plus spontané, si c'est possible.

L'opinion publique demandait hautement la croix d'honneur pour Alexandre CABOCHE.

Le Conseil municipal, dans le rapport approuvé par lui et transmis au ministre, s'était rendu formellement l'organe de la voix de tous à son égard.

L'omission du nom de CABOCHE sur la liste des décorés est donc une omission volontaire.

Et pourquoi cette omission ?...

Ah ! c'est qu'ils sont loin déjà ces jours de 1830, où l'on n'avait pas assez de caresses pour ces rudes mains du peuple, qui, alors, il est vrai, donnaient des emplois et jusqu'à des couronnes. Ils sont loin ; et quelques-uns de ces hommes que le peuple a fait monter jusqu'aux hautes régions du pouvoir ministériel, aura trouvé, peut-être, que cette croix d'honneur, que l'on prodigue tous les jours à tant de gens qui ne la méritent guère, serait mal placée sur la veste grossière de ce brave et honorable marinier.

Pour nous, qui répudions du fond du cœur ces dédains immérités, et qui saluons avec un égal bonheur le dévoûment et le courage, dans quelque rang qu'ils se rencontrent, nous dirons, au nom de tous les honnêtes gens, au brave CABOCHE, que si la croix d'honneur manque sur sa poitrine, du moins, par sa belle conduite en nos jours de désastres, il s'est acquis des titres ineffaçables à la reconnaissance de ses concitoyens : nous lui dirons qu'aux yeux de tous il a conquis cette noblesse que l'opinion publique décerne, à défaut du pouvoir, cette noblesse qui grandit et qui honore, la noblesse du cœur, du courage et des sentiments.

Nous nous faisons un devoir de reproduire textuellement ici le passage du rapport approuvé par le Conseil municipal, en ce qui concerne Alexandre CABOCHE. (Voir la pièce n° XII, page 95.)

XIV

Extrait *du Journal du Loiret, 20 janvier 1847.*

« L'injustice faite à CABOCHE a excité à Orléans la réprobation générale.

« Nous devons rendre cet hommage à toutes les opinions,

qu'elles se sont associées avec empressement à notre indignation. Il n'y a eu qu'un cri dans la Ville pour protester contre l'injure toute gratuite faite à un brave homme du peuple, à un ancien soldat, à une classe tout entière de travailleurs.

« Nous apprenons que M. le Préfet, averti par ses propres amis, par des fonctionnaires haut placés, du mauvais effet de cette inconcevable injustice, s'est enfin ravisé et qu'il a promis de demander la croix pour CABOCHE. Il n'est jamais trop tard pour réparer une bonne action, mais, quoi que fasse à présent M. de Villeneuve, il ne réussira pas à détruire la fâcheuse impression que l'exclusion de CABOCHE a produite sur l'esprit de tous. Il est des actes qui perdent leur mérite en perdant leur spontanéité, et si la croix d'honneur, si cette croix dont on a jugé qu'une blouse d'ouvrier était indigne, est enfin donnée à CABOCHE, ne serons-nous pas fondés à dire à M. le Préfet qu'il a cédé, non pas au sentiment de la justice, mais au cri de l'opinion publique.

« Au reste, que CABOCHE se console. Quoi que le ministère décide, son courage sera honoré. La Ville d'Orléans, plus que la préfecture, a la mémoire du cœur, et si l'injustice n'est pas réparée, une souscription orléanaise aura bientôt payé à CABOCHE le tribut auquel il a droit.

« Tous nos concitoyens, nous en sommes sûrs, sans distinction de classe ou d'opinion, les vieux légionnaires et les nouveaux décorés eux-mêmes, s'empresseront d'inscrire leurs noms sur cette souscription pour un homme du peuple dont le dévoûment a été si dédaigneusement méconnu. »

XV

Extrait *du Journal du Loiret, 20 janvier 1847*.

AU PORTEFAIX CABOCHE

Sic vos non vobis...

Ils n'ont pas voulu voir briller sur ta poitrine
L'étoile de l'honneur due à tes nobles faits ;
Ils t'ont puni de ton humble origine...
    Pourquoi n'es-tu qu'un portefaix ?

    Sur une blouse populaire,
    Attacher une croix !... fi donc !
    Ce n'est pas pour le prolétaire
    De nos jours qu'est fait le cordon.

Puis il aurait fallu te donner l'accolade
    Que l'on donne à tout chevalier ;
Où trouver un parrain, qui, sans tomber malade,
Eût daigné t'embrasser, misérable ouvrier ?

Pourtant, quand débordait la Loire,
Au milieu du commun effort,
Qui plus que toi s'est donc couvert de gloire?
Qui mieux que toi sut affronter la mort !

Ne t'avons-nous pas vu, calme mais intrépide,
Affrontant les flots mugissants,
Arracher au torrent rapide
Les hommes, les vieillards, les femmes, les enfants !

Cent fois te frayant un passage,
Au milieu du danger, portefaix glorieux,
Nous t'avons vu cent fois ramener au rivage,
Dans un fragile esquif, ton fardeau précieux.

Dans la campagne et dans la ville,
Pour ton sublime effort partout tu fus cité ;
Tu fus glorifié, noble cœur, entre mille,
Par le Conseil de la cité.

Trois noms avaient surgi, trinité glorieuse,
Amy, Caboche, Laurenceau ;
Quelle est donc la main malheureuse
Qui brisa ce noble faisceau ?

Oui, d'effacer ton nom quelqu'un eut le courage !
Dans ces jours de danger il devait être loin !
Il ne t'aurait pas fait un si sanglant outrage,
Si de ton dévoûment il eût été témoin.

Ils t'ont volé ta récompense !!...
    Grâce au ciel ! ils ne pourront pas
    Te voler la reconnaissance
De ceux que ton courage a sauvés du trépas !

    Héroïque Bigault, dont notre ville est fière,
    Indigne-toi dans ton noble cercueil,
Car c'est un travailleur comme toi, c'est un frère,
    Qu'exclut leur misérable orgueil.

    Par ces déceptions amères
Ils glacent du pays les nobles sentiments,
    Et dans les veines populaires
    Ils dessèchent les dévoûments.

Ami, console-toi, méprise l'injustice,
Le rapport du Conseil vaut mieux qu'un parchemin ;
Ne crois pas que jamais ton souvenir périsse...
Il vivra dans nos cœurs bien mieux que sur l'airain.

    Puis, s'il venait le jour de la vengeance,
        O brave enfant du port !
    Montre comment tu punis une offense...
        En les sauvant encor.

Car si leur vanité mesquine et dédaigneuse
    Injustement a blessé ton grand cœur,
Ta part n'en est pas moins illustre et glorieuse ;
Ils ont gardé la croix... mais tu gardes l'honneur !

XVI

EXTRAIT *du National, 20 janvier 1847.*

Après avoir donné la liste des citoyens décorés, il continue :

« Mais une exception a été faite, que nous devons signaler. Entre tous ceux que l'opinion désignait au choix du ministre, parmi les braves, au milieu des plus grands périls, un homme avait été cité d'une manière toute spéciale : c'est un portefaix du nom de CABOCHE, vieux soldat, habitué au dévoûment comme au danger. C'est sur son nom que le Conseil municipal d'Orléans avait surtout appelé l'attention du pouvoir, en demandant pour lui, en termes pressants, la croix de la Légion-d'Honneur. La ville d'Orléans tout entière attachait un très vif intérêt à ce que l'ouvrier intrépide figurât au nombre des décorés. Toutes les classes avaient fourni d'admirables dévoûments dans ces funestes journées, et le peuple, les travailleurs, les portefaix, les mariniers, avaient été les premiers aux postes les plus dangereux. Le malheur avait été commun, à tous, riches et pauvres, comme l'effort et le courage, et il paraissait à tout le monde de toute justice, de toute équité, que la récompense s'étendît dans tous les rangs. Il y avait là un louable sentiment de solidarité, parfaitement compris dans le péril, et qu'il était du devoir du gouvernement de maintenir et d'encourager.

« Devons-nous dire qu'aucune de ces considérations n'a frappé l'esprit du Préfet du département ? L'homme du peuple porté le premier sur la liste des décorations par les vœux de ses concitoyens, par le Conseil municipal lui-même, en a été écarté. C'est à M. le Préfet du Loiret qu'on attribue cet acte d'iniquité et d'ingratitude dont la population d'Orléans est indignée. M. le Préfet a craint, dit-on, de compromettre la dignité et l'honneur de la Croix, en l'attachant sur la veste d'un ouvrier, sur la blouse d'un portefaix. Que faut-il penser de l'intelligence et de la mémoire des hommes de ce gouvernement en présence de faits de cette nature ? Ne se rappellent-ils donc pas où, quand, comment, et par qui ils ont été élevés au pouvoir dont ils se montrent si peu dignes ? M. le Préfet du Loiret a-t-il donc oublié l'époque et les circonstances de l'institution de la Légion-d'Honneur ? et que les hommes qui en ont les premiers porté le signe étaient tous des enfants du peuple ? Ceux-là l'avaient mieux méritée apparemment que ces fonctionnaires prévaricateurs que nous voyons de temps à autre défiler devant la cour d'assises, avec un large ruban rouge à la boutonnière.

« Enfin la *Réforme*, la *Démocratie Pacifique*, l'*Esprit Public* et plusieurs de nos confrères des départements s'associent à notre protestation. »

XVII

Extrait du Journal du Loiret, du 27 janvier 1847.

On sait que M. le Préfet, mieux avisé, s'était enfin décidé à demander la Croix pour CABOCHE. Le *Moniteur* nous apprend que CABOCHE est nommé Chevalier de la Légion-d'Honneur.

Il n'est jamais trop tard pour réparer une injustice. Nous félicitons donc M. le Préfet d'avoir cédé au vœu unanime du public.

M. de Villeneuve n'a pas voulu, pour cette fois au moins, suivre à la lettre la fameuse maxime de M. Guizot : « Soyons impopulaires. » Il faut lui en savoir gré. Les actes de bon goût sont assez rares à la Préfecture du Loiret, pour qu'on ne néglige pas de les signaler.

XVIII

MINISTÈRE
de
L'INTÉRIEUR.

Paris, le 23 janvier 1817.

Monsieur, j'ai été heureux d'appeler l'attention du roi, sur la conduite que vous avez tenue, lors de l'inondation qui a désolé le département du Loiret.

Sa Majesté a été vivement touchée du courage et du dévoûment dont vous avez fait preuve dans cette triste circonstance, et par ordonnance rendue sur ma proposition, Elle vous a nommé Chevalier de l'ordre royal de la Légion-d'Honneur

M. le Grand-Chancelier de l'Ordre, vous fera parvenir incessamment le titre de votre nomination.

Agréez, Monsieur, l'assurance de ma considération distinguée.

LE MINISTRE SECRÉTAIRE D'ÉTAT AU DÉPARTEMENT
DE L'INTÉRIEUR.

Monsieur CABOCHE, *marinier à Orléans.*

XIX

 EXTRAIT du *Journal du Loiret*, du 27 janvier 1847.

Les portefaix d'Orléans sont formés en société, et à des dates fixes ils se réunissent entre eux, pour réglementer les affaires de leur corporation. Dimanche était un jour de réunion, et les portefaix étaient assemblés au nombre d'une soixantaine environ, lorsque CABOCHE est arrivé et leur a annoncé qu'il avait enfin reçu la décoration. Nous ne saurions dire avec quelle effusion tous ces braves gens ont félicité leur camarade CABOCHE. C'étaient des serrements de main enthousiastes, et il a fallu que lecture fût faite à haute voix de la lettre écrite par le Ministre au nouveau légionnaire. C'est M. le Capitaine du Port, présent à la réunion, membre de la Légion-d'Honneur, qui a été prié de faire cette lecture, et tous les portefaix l'ont entendue tête nue et dans un silence respectueux; après quoi les cris de vive CABOCHE ont éclaté de toutes parts.

XX

CABINET   *Paris, 25 janvier 1847.*
du Ministère
DE L'INTÉRIEUR.

Monsieur et cher ancien collègue,

J'ai reçu la lettre que vous m'avez écrite, et par laquelle vous me recommandez les titres de M. Caboche à la Croix d'Honneur pour le courage et le dévoûment dont il a fait preuve pendant les dernières inondations.

Je suis heureux d'avoir pu aller au devant de vos désirs.

Le Roi a nommé M. Caboche Chevalier de la Légion-d'Honneur; cette nomination a été insérée dans le *Moniteur* d'hier.

Recevez, Monsieur et cher ancien collègue, l'assurance de mes sentiments les plus distingués et de ma sincère amitié.

A Monsieur SEVIN-MAREAU, *ancien Député.*

XXI

GRANDE
CHANCELLERIE.

—

ORDRE ROYAL DE LA LÉGION-D'HONNEUR.

Le Grand-Chancelier de l'ordre royal de la Légion-d'Honneur,

Certifie que M. CABOCHE (Alexandre Joseph), marinier à Orléans (Loiret), a été nommé Chevalier de l'ordre royal de la Légion d'Honneur, le 22 janvier 1847, pour prendre rang à dater du même jour.

Paris, le 4 février 1847.

Maréchal GÉRARD

XXII

Extrait *du Journal l'Orléanais du 27 janvier 1847.*

La seconde liste des récompenses nationales au sujet des inondations, que, dans ses prévisions administratives, daignait nous laisser entrevoir le *Messager du Loiret*, vient de paraître.

Elle se compose, pour la Légion-d'Honneur, du brave Alexandre CABOCHE.

Cet élan spontané de la gratitude gouvernementale nous a pénétré de satisfaction. Elle avait omis, oublié CABOCHE ; nous la félicitons d'avoir si promptement retrouvé la mémoire, c'est toujours flatteur pour les bienfaiteurs de l'humanité.

XXIII

EXTRAIT *du Journal l'Illustration, 30 janvier 1847.*

Nous donnons dans ce numéro le portrait de ce brave citoyen, de ce portefaix d'Orléans, auquel le gouvernement vient d'envoyer la croix de la Légion-d'Honneur, que la reconnaissance, l'admiration de sa ville entière lui avaient en quelque sorte déjà décernée.

Détournons nos yeux et notre pensée des scènes de l'Indre, pour les reposer sur les traits et sur l'héroïsme de CABOCHE.

Son exemple, l'entrain de son courage, ont excité d'utiles et de beaux dévoûments autour de lui. Pourquoi faut-il que, dans la liste des récompenses vraiment nationales, la mort ait causé un vide affreux ? Avec CABOCHE, au dire de tous leurs concitoyens, l'homme qui a partagé la palme du dévoûment, c'est le marinier Bigot, qui, après avoir heureusement disputé tant de victimes à la mort, a vu son batelet chavirer dans la rue Dauphine, et s'est englouti dans l'abime auquel il avait su arracher les autres.

La ville d'Orléans a adopté la veuve et les enfants de Bigot, et elle est heureuse de voir le signe de l'honneur sur la poitrine de CABOCHE.

Nous devons la reproduction des traits de ce digne homme à un artiste distingué, M. Pensée son compatriote.

XXIV

EXTRAIT *du Journal du Loiret, 30 janvier 1847.*

Nous venons de recevoir l'*Illustration* de ce jour, 30 janvier. Ce recueil contient le portrait de CABOCHE gravé sur bois, d'après un dessin de M. Charles Pensée.

CABOCHE est représenté avec la Croix d'Honneur à sa boutonnière.

Ainsi, grâce à l'injustice qui d'abord lui avait été faite, aucun des honneurs de la célébrité n'aura manqué à ce citoyen.

XXV

Extrait *du Journal du Loiret, 6 mars 1847.*

Les médailles n'étant pas encore distribuées, un marinier écrivit au rédacteur une lettre dans laquelle il se plaint du retard apporté à la distribution ; cette lettre se termine ainsi :

« Est-ce un ajournement indéfini, et le gouvernement a-t-il deux poids et deux mesures en matière d'inondations ? Si l'on veut nous marchander nos médailles comme on a marchandé la Croix à notre brave camarade CABOCHE, qu'on nous le dise : il valait mieux ne rien nous promettre. »

XXVI

Extrait *du Journal du Loiret, 6 mars 1847.*

Après un refus de M. Blot de recevoir une médaille de bronze, le journal s'exprime en ces termes :

« On avait lieu de croire que l'administration, après la leçon qu'elle a reçue relativement à l'injustice qu'elle voulait commettre envers le brave Caboche, aurait au moins eu à cœur de récompenser avec impartialité et suivant les services rendus tous les citoyens qui ont donné des preuves de dévoûment et de désintéressement...

« Nous demandons pourquoi Mathurin Prodeau et Joseph Lecomte, qui se sont signalés dans la même embarcation que Caboche, n'ont que la médaille de bronze ?

« Suivent plusieurs refus de médailles et une quantité considérable de réclamations... »

XXVII

Monsieur Herluison,

J'ai pris connaissance du passage relatif aux faits qui se sont passés à Olivet, au moment de l'inondation de 1856, dans la brochure sur A. Caboche, que vous m'avez communiquée.

Ces renseignements me semblent exacts, autant que ma mémoire peut me servir après trente-six ans écoulés.

Orléans, le 18 novembre 1892.

Ernest d'ILLIERS,
Ancien Maire d'Olivet.

www.ingramcontent.com/pod-product-compliance
Ingram Content Group UK Ltd.
Pitfield, Milton Keynes, MK11 3LW, UK
UKHW021309190726
13839UKWH00007B/547

9 782329 375274